REPORTAGE 2000

Stefano Di Marino

E nel cielo nuvole come draghi

Hong Kong tra storia e leggenda

Touring Club Italiano

Reportage 2000

Grafica: Bob Noorda

Prima edizione «Reportage 2000» ottobre 2006
TCI ARAAO
ISBN 88365 3753-7
EAN 97888365 3753 2

E nel cielo nuvole come draghi

Prologo

Una parola prima di partire

La mia Asia e Hong Kong, il suo cuore segreto

Viene sempre un momento nella vita in cui emerge di prepotenza la domanda: chi sono veramente?

Viaggiatore, praticante di arti marziali, narratore, sognatore. Definizioni che trovo adeguate per descrivere me stesso; non saprei davvero quale scegliere. Raccontano passioni e avventure che sono state fondamentali per formare la mia persona e, alla fine, risultano inseparabili perché tutte importanti.

Praticare arti marziali e seguire percorsi di lettura diversi da quelli indicati dall'educazione scolastica tipicamente italiana sono le attività che hanno acceso in me l'interesse per l'Oriente. Viaggiare da solo in luoghi lontani, trattare con gente di culture differenti dalla mia mi ha aiutato a sviluppare una sensibilità personale che ho trasposto nel mio lavoro di scrittore. Più di ogni altra cosa, tuttavia, sono state la fantasia e la capacità di assorbire ciò che di magico esiste in ogni libro, in ogni luogo e persino in ogni incontro che mi hanno aiutato ad amalgamare tutte le differenti esperienze trasformando quella che era una confusa passione giovanile in un "mestiere" di cui vado fiero.

Da sempre se il mio universo mitico, centro di interessi e stimolo creativo, è l'Asia, il suo fulcro è Hong Kong. Il nome significa Porto Fragrante ed è il luogo dove antico e moderno, Oriente e Occidente si fondono cancellando i reciproci confini, e che trova nel simbolo dello yin e dello yang la sua più calzante metafora.

Se volete condividere con me l'esperienza di un viaggio a Hong Kong ci sono alcune cose che è bene sappiate prima di partire.

All'arrembaggio, tigrotti!

Come tutte le travolgenti passioni, quella che ho coltivato per l'Oriente ha origine in età adolescenziale.

Sono sempre stato un cultore di avventure e ambientazioni esotiche. Divoravo film, libri e fumetti, spesso li ricreavo con la fantasia, nel gioco, nei primi abbozzati tentativi di scrittura, nei disegni. Forse la realtà che mi circondava non mi piaceva e io fuggivo così, sognando eroi, luoghi lontani, intrighi che eludevano quella che, a me, sembrava un'esistenza banale.

Forse era destino che diventassi un narratore, magari era il segno che non avrei saputo fare altro. Non lo so.

Come tutti coloro che hanno vissuto l'infanzia negli anni sessanta, per me l'Avventura era il cinema ma anche, e soprattutto, la lettura. Intorno agli undici, dodici anni scoprii i romanzi di Salgari. Pirati, spadaccini, belle avventuriere, paludi, tempeste… Povero, vecchio Emilio, scrittore a cottimo con una famiglia da mantenere e una moglie inferma di mente, perseguitato da editori e debitori. Verona era lontana dagli universi favolosi che descriveva nei suoi romanzi. Finì male, suicida, con un sacco di debiti e, probabilmente, senza avere una coscienza precisa dell'immenso patrimonio di sogni che ha lasciato in eredità. Certo, letto oggi ha un linguaggio faticoso e di sicuro i critici letterari avevano qualche ragione a escluderlo dalla Storia della Letteratura. Ma a lui non credo che importasse realmente. Forse gli spiaceva di più aver limitato le avventure *vissute* a una breve crociera sui mari italiani e a poche lezioni di scherma. I perfidi e gli invidiosi lo dileggiavano chiamandolo "la Tigre della Magnesia". Ma lui quei posti li vedeva realmente, con la fantasia, attraverso le immagini del "Giornale di viaggi e avventure", documentandosi un po' come riusciva ma sempre attento a tutto ciò che lo circondava e poteva essere inserito nei suoi romanzi. Se lo si riesamina adesso – e c'è naturalmente chi l'ha fatto meglio di me – è impossibile non notare l'influenza del melodramma in quelle vicende che, erroneamente, vennero in seguito definite "per ragazzi". Lui, probabilmente, non le vedeva così. *La Scotennatrice,* nella versione integrale dell'omonimo romanzo, apriva il cuore al generale Custer e se lo mangiava sul campo di battaglia di Little Big Horn. «Il Corsaro Nero piange...», celeberrimo finale di uno dei suoi romanzi più famosi, era una scena lirica, così come quella, memorabile, in cui Sandokan – nei *Pirati della Malesia* – vede la cugina dell'amata Marianna e sviene sul suo trono di pirata. E poi c'era una sensualità ambigua, strisciante, che anche un ragazzino poteva cogliere. Come quel bacio che Fatima, la cattiva della *Favorita del Mahdi*, "stampava" sulle labbra dell'eroe, quasi violentandolo, per esprimere una passione frustrata e repressa nel corso di tutto il romanzo.

Dei volumi che leggevo compulsivamente uno via l'altro creando al contempo le basi del mio immaginario, i miei preferiti erano quelli dedicati ai pirati della Malesia. I thug, i *prahos*, gli usurpatori inglesi, i fachiri con il braccio anchilosato, gli abbordaggi e le battaglie, le paludi e la giungla... Fu allora che cominciai a fantasticare di un Oriente che per me era essenzialmente confinato tra l'India e la Malesia, a figurarmi quegli uomini con armi e vestiti dalle fogge bizzarre che si battevano per onore, per amore di fanciulle dai tratti a volte europei ma più spesso esotici, lontanissimi dalla mia quotidianità. Così giocavo con turbanti improvvisati, con armi a molla, trascinando talora poco recettivi compagni nella creazione di storie che rivivevo a modo mio. In una camera bastavano una poltrona, un mobile e già si era in un tempio segreto, nelle paludi, inseguiti dai dayaky cacciatori di teste.

Poi venne il periodo dell'adolescenza. Momento difficile – per chi non lo è? – e da Salgari passai a leggere *Segretissimo*, con i suoi agenti speciali che si muovevano in quegli stessi ambienti, ma circondati da nemici armati di mitraglietta e donne sempre disinibite e pericolose. Fu anche l'epoca in cui scoprii le arti marziali, che per me sono state un'esperienza fondamentale. Alla metà degli anni settanta avevo già praticato un po' di judo, c'erano i film di Bruce Lee – che non potevo vedere perché troppo violenti ma che sognavo di fronte ai cartelloni dei cinema – e, a poco a poco, si stavano creando dentro di me le basi di quella che sarebbe stata la mia futura attività. Raccontare storie che, almeno in parte, avessero come fulcro quel luogo mitico che era l'Oriente dei miei sogni.

Ancora però non avevo realizzato un collegamento chiaro tra tutti questi elementi. Al cinema Sandokan era un culturista abbastanza somigliante ai modelli che mi ero costruito con la fantasia e, nei miei primi abbozzi di scrittura, tentavo di imitare Salgari, ma ancora eravamo lontani dall'*intuizione*. Questa, credo, venne con lo sceneggiato televisivo *Sandokan* diretto da Sergio Sollima, transfuga dal western-spaghetti. All'epoca la televisione era solo la RAI, non esistevano videogiochi o altri trastulli elettronici. Lo sceneggiato fu seguito da venti milioni di spettatori, un successo senza precedenti! Credo si sia trattato della riduzione migliore delle opere di Salgari, fedele allo spirito più che alla lettera. Kabir Bedi funzionava e, anche se Carole André non mi sembrava poi così espressiva, Philippe Leroy era chiaramente Yanez. E poi c'era Jiro Batol, il pirata malese che, per la verità, era un giapponese esperto di karate residente in Italia. Nello sceneggiato ricordo che si vedevano il krabong thailandese, alcuni assassini che somigliavano ai ninja giapponesi e, nella battaglia finale, era inserito un combattimento a mani nude di Jiro Batol che mi lasciò senza fiato.

Ecco l'idea! Le arti marziali avevano un collegamento con la mia passione salgariana! E così passai dal judo, che mi sembrava più che altro una ginnastica, a praticare il karate. Questo era tutta un'altra faccenda. Devo ammettere che, benché sia cintura nera, ricordo quei periodi senza troppo piacere. All'epoca si insegnava un karate duro solo in apparenza, il maestro parlava come un istruttore dei balilla, ma la tecnica era rigida, pesante, mi pareva anche poco efficace. Però mi esaltava, anche se il metodo d'insegnamento – il trascorrere degli anni e la mia esperienza come istruttore di sport da combattimento hanno in seguito confermato questo primo giudizio – non mi piaceva. Fu anche un'epoca difficile, i miei sogni s'infrangevano contro una realtà non amata, dove essere appassionati d'Oriente significava venire considerati un po' degli svitati dai compagni di scuola, gente più preoccupata di avere il motorino che di formarsi un bagaglio di esperienze e un immaginario rispondente ai propri gusti personali.

Ero fuori dal branco.

Forse non è un caso se in quel periodo della mia vita ho fatto a cazzotti più volte che in altri. In diverse occasioni le ho prese. In altre no. Intanto, pur non condividendo i metodi del mio istruttore, continuavo a progredire nel karate e la mia passione per l'Oriente andava allargandosi. Studiavo storia delle arti marziali, cominciavo a vedere qualche film di Hong Kong.

In palestra erano botte, ma anche soddisfazioni. Ricordo l'esame per la cintura marrone: due ore di fila con una serie di combattimenti contro tutti i miei compagni (uno alla volta, è ovvio)... che lividi, ma anche che coscienza di sé, di quello che, da solo, potevo fare. Era la mia *prima* avventura ed era legata all'Oriente!

In quel periodo scrivevo anche molto, una serie mai pubblicata con un personaggio che era a metà tra James Bond e Bruce Lee. Tutta esperienza che mi sarebbe servita in seguito, quando lo scrittore lo avrei fatto davvero, togliendomi tra l'altro la soddisfazione di pubblicare (con lo pseudonimo Frederick Kaman) una versione moderna delle *Tigri di Mompracem*, intitolata *Il sogno della Tigre*. Un romanzo al quale uno studioso salgariano mi ha pregato di dare un seguito. Chissà...

Ma in quegli anni del liceo la mia passione per l'Oriente si era spostata verso il Giappone e la Cina che, da principio, consideravo solo come luoghi d'origine delle arti marziali. L'ho detto: la pratica marziale è stata una delle esperienze fondamentali della mia vita e, a suo modo, lo è ancora oggi. Lo è diventata comunque in maniera preponderante agli inizi degli anni ottanta con l'arrivo, dall'America, del full contact, un mix occidentale delle discipline asiatiche in cui si combatte con il "contatto pieno". Kickboxing, savate, boxe thailandese: feci il "salto" senza rimpianti. L'atmosfera di finta tradizione che avvolgeva il karate praticato in Italia a quei tempi mi aveva stancato. Mi sarei riappassionato alla disciplina anni dopo, in Olanda, scoprendo il karate kyokushinkai in cui si colpisce davvero – niente pugni al viso, però – e senza protezioni. Una disciplina che ho praticato insieme alle altre e per la quale ci vuole... un fisico bestiale. Per molti anni ho frequentato assiduamente e con grandissima passione il mondo degli sport da combattimento e delle arti marziali, partecipando a stage, avvenimenti all'estero, leggendo, informandomi, incontrando campioni veri e falsi maestri. André Panzà, che ai tempi era un po' come il Tyson della kickboxing, mi fece una grandissima impressione. Meno positivo il ricordo dell'organizzazione, delle riviste, delle federazioni nostrane. Quando la passione diventa business, allora è finita...

In viaggio verso oriente

Leggevo poi moltissimo, ma non più solo *Segretissimo*. Cercavo romanzi più corposi, più seri sull'Asia. Così prima mi accostai a Lustbader e a tutta la serie sui ninja, poi a Marc Olden che in parte ho anche tradotto e che ritengo uno dei massimi autori d'avventure sull'Oriente, almeno per quell'epoca. E poi i classici. Conrad (in particolare *Lord Jim*, libro e film, in cui il concetto di "espatriato occidentale" in Asia mi colpì moltissimo) e James Clavell, che di Hong Kong è stato il cantore occidentale forse più appassionato e abile. Tutta una biblioteca che andava ampliando i miei interessi per l'Asia, inizialmente ristretti all'avventura e al combattimento puro e duro... Come si dice, si cresce.

Nel frattempo avevo cominciato a viaggiare e, ovviamente, lo facevo in Asia. Da principio con formule più o meno organizzate, poi, dopo la laurea, da solo, con gruppi avventurosi o in solitario. Mi ricordo che nel 1986 lessi un'intervista a Oliver Stone in occasione dell'uscita del suo film sul Vietnam – *Platoon* – in cui raccontava come il suo sogno fosse quello di mescolarsi con gli asiatici, di vivere in quei luoghi. Certo, lui era un veterano della guerra del Vietnam, io quel conflitto l'avevo visto solo al cinema. Ma capivo che quel posto, l'Asia, esercitava su di me un fascino che ormai andava oltre i racconti avventurosi e le arti marziali. Volevo vedere, conoscere la gente, la cultura, camminare per quelle strade assolate, colme di umidità appiccicosa. La magia, il mondo degli spiriti nascosti nella foresta esercitavano su di me un'attrazione ipnotica. E poi quei luoghi, i panorami, i templi popolati da gente così differente tra la quale mi sentivo straniero, eppure più a casa mia che nelle aule dell'università. Capivo intuitivamente che, da quelle esperienze, avrei potuto imparare qualcosa, come persona e come narratore. Perciò ho seguito il mio istinto... o forse era un karma venuto da una vita precedente, chi può dirlo?

Suggestioni e avventure (vere e immaginarie)

E poi c'erano le donne. Con quei visi esotici, misteriosi, gli occhi a mandorla, il carattere da tigre dietro l'apparenza di un fiore delicato. Non lo nego, per me l'Asia è anche sinonimo di Donna. Mi sembra di averlo scritto in qualcuno dei miei libri nella serie del *Professionista* (che con ventidue episodi ha superato il decennio di vita), credo in *Morire a Kowloon* che uscì nel 1997 in occasione del passaggio di consegne dal governo inglese a quello di Beijing e che sarà ripubblicato in una nuova versione proprio quest'anno con il titolo *La notte dei mille draghi*. Ero appena stato a Hong Kong per la terza volta, ci sarei tornato in altre due occasioni e, se l'Asia è rimasta per me sinonimo di Donna, Hong Kong ne è il cuore pulsante e appassionato che, a volte, m'illudo possa battere solo per me.

E così si è formato una sorta di calderone ribollente di esperienze, letture, storie sentite, vissute, raccontate e rielaborate. Sempre più ho cercato di capire la cultura, la storia, la gente. In seguito ho avuto la possibilità di tradurre libri come *Il fiume al centro del mondo* di Simon Winchester e *L'arte della guerra* di Sun Tzu, che mi hanno ispirato percorsi di ricerca e di viaggio. Negli anni novanta ci fu la grande riscoperta del cinema di Hong Kong, non solo quello di kung fu, ma di una vera e propria fabbrica dei sogni orientale.

Tutto questo, insieme ai viaggi, ai romanzi, alle persone conosciute, ha creato qualcosa di unico che è *dentro* di me e in qualsiasi cosa faccia, giusta o sbagliata.

È stato così, durante un soggiorno a Hong Kong, seduto in un bar all'aperto di Repulse Bay sull'isola di Victoria, che, in una di quelle giornate in cui si ha l'impressione di non poter fare altro se non guardare il panorama e bere una birra in attesa della notte, iniziai a considerare le nuvole in cielo con occhi differenti. Sembravano draghi... quelli della mia fantasia, di quel mondo mitico che alimentava ogni atto creativo ed esistenziale della mia esperienza.

Quello che segue è un viaggio a Hong Kong che raccoglie le esperienze di più di vent'anni, alla ricerca di quelle nuvole che s'affrontavano come creature mitologiche, sulle tracce di suggestioni, leggende e sogni. Non ha un itinerario preciso e forse neppure logico ma, come diceva un famoso scrittore, «viaggiare significa partire senza sapere quando si tornerà». E io aggiungo: «...senza sapere bene *dove* si arriverà».

Hong Kong, comunque, non lo permette. Tutto appare circolare, connesso da legami a volte non immediatamente visibili. Ma in ogni luogo s'incontrano tracce di avventurieri, di eroi da romanzo e delle loro donne, personaggi storici, miti di quel cinema oggi approdato anche da noi. Ogni via, ogni luogo che ho visitato in epoche differenti mi rammenta una storia, un personaggio e una passione.

Ci avventureremo così nei vicoli di Kowloon sino a ciò che resta della Città Murata. Incontreremo gangster veri e avventurieri da leggenda, scopriremo piccoli templi dove vengono a pregare poliziotti e malviventi e visiteremo ville sull'isola di Victoria sulle cui terrazze l'amore è davvero *una cosa meravigliosa*. Entreremo quindi nelle sale da gioco, nei locali del *Mondo di Suzie Wong* ma anche dei *giovani e pericolosi* gangster dell'ultima generazione cinematografica. Sarà un itinerario complesso e avvincente, ricco di sorprese e tortuosità proprio come quelle vecchie strade in salita che dai grattacieli di sessanta piani del centro amministrativo portano al mercato dei ladri e alle bettole dove si perdeva Corto Maltese in *Corte sconta detta Arcana*. Una visita guidata in luoghi reali che, come sempre a Hong Kong, nascondono un volto segreto, un'avventura e una passione per chi sa guardare.

Vi chiedo solo di accompagnarmi, di cedere alla magia che mi ha incantato e di cercare di vedere, nel cielo, quelle stesse visioni che hanno dato un senso alla mia vita.

Forse qualcosa regaleranno anche a voi.

Capitolo 1

In picchiata tra i grattacieli

Skyline cruisers

L'arrivo più spettacolare ed emozionante a Hong Kong lo ricordo nell'estate del 1995. Venivo da Jakarta, ma ero in Asia da circa un mese dopo aver fatto tappa a Bangkok, in Myanmar, a Singapore e a Bali. La colonia inglese – perché allora, ancora per poco, era tale – rappresentava la destinazione finale del mio viaggio prima di far rientro in Europa. Era, come al solito, una vacanza, ma anche l'occasione per raccogliere emozioni e idee destinate a dar vita a qualche romanzo. Avevo poi alcuni appuntamenti che non potevo assolutamente perdere riguardanti il libro che avrei scritto sul cinema delle arti marziali, ma quella mattina, dall'alto, mi lasciai trasportare dall'emozione.

Il cielo era terso, il sole brillante. Avevo schivato senza saperlo un violento tifone, passato due giorni prima, che aveva reso impraticabile la strada per il Peak sull'isola di Victoria e liberato l'orizzonte dalle nubi e dalla coltre di umidità che sembra sempre appollaiata sulla città e sulle isole che la circondano. Mentre l'aereo delle Garuda Airlines eseguiva un'ampia manovra di avvicinamento, Hong Kong mi apparve dal finestrino nella sua immagine più suggestiva, quella che vorrei cristallizzare come approccio in questo mio itinerario.

Ci stavamo dirigendo verso il vecchio aeroporto di Kai Tak, situato a est del quartiere di Mong Kok sulla penisola di Kowloon, ai confini della regione denominata i Nuovi Territori, proprio al centro della città. Sì, avete compreso bene, "al centro" di una delle metropoli più densamente popolate del mondo. Abitualmente gli aeroporti sono situati, per sicurezza e convenienza, a qualche decina di chilometri dal centro abitato. Persino Chang-chi, l'aeroporto internazionale di Singapore, che pure è una città-stato ubicata su un'isola, si trova lontano dal nucleo urbano, in un settore che durante la seconda guerra mondiale divenne tristemente celebre per aver ospitato uno dei più brutali campi di prigionia degli invasori giapponesi.

A Hong Kong no, tutto è frenetico, la mancanza di spazio impone rapidità a dispetto di ogni precauzione. Così la pista dell'aeroporto di Kai Tak si protendeva nelle acque chiuse di Kowloon Bay, vicino a un rifugio per i tifoni e a ciò che resta della famigerata Cittadella. Scendere sino a sfiorare i grattacieli non è impresa da poco, eppure gli incidenti sono stati rarissimi. Parlo al passato perché poco dopo l'*handover*, il ritorno della città alla Madrepatria, Hong Kong è stata dotata di un nuovo, enorme e modernissimo aeroporto situato sulla vicina isola di Lantau, oggi collegata a Hong Kong e a Kowloon da un imponente complesso di sopraelevate e ponti sospesi.

Kai Tak, come molti aspetti della vecchia Hong Kong, ha chiuso i battenti. Con qualche ragione forse, visto che nel 1995, quando vi arrivai, il traffico aereo era diventato praticamente ingestibile, con una media di un arrivo o una partenza al minuto. L'impressione che se ne ricavava, però, valeva qualche sussulto mentre il pilota sfiorava la cima dei palazzi-formicaio. Da quella prospettiva si copriva con un unico colpo d'occhio il Mar Cinese Meridionale, le decine di isole verdissime e frastagliate intorno al nucleo della città, le cattedrali d'acciaio e cristallo del Central District e gli agglomerati brulicanti di vita intorno al porto.

Quell'immagine era il punto focale dello spirito che mi ha portato a Hong Kong in tante occasioni. Un misto di emozioni in cui si combinano ricordi di avventure da romanzo, tradizioni millenarie e una modernità che supera i confini dell'urbanistica.

L'ultima frontiera

A quell'epoca Hong Kong era l'ultimo avamposto, la porta del gigante cinese sul mondo occidentale. Mancavano due anni al passaggio di consegne stabilito dalla Basic Law siglata nel 1984 dalla signora Thatcher e dal governo di Beijing (la capitale che un tempo si traslitterava con Pechino), secondo la quale Hong Kong sarebbe rimasta per cinquant'anni ancora una regione ad amministrazione speciale. Ma di quei tempi, memori della sin troppo recente rivolta di Tian'anmen soffocata nel sangue nel maggio 1989, molti nutrivano dei sospetti. Oggi, a dieci anni di distanza, dopo numerose visite e contatti in Cina, mi sento di affermare che Zhong Guo – il Regno di Mezzo, la Cina – non cambierà Hong Kong, anzi, probabilmente accadrà il contrario. Basta far visita a Shanghai che, con la frenetica corsa alla modernità della zona industriale di Pudong e la sua torre per le comunicazioni Perla d'Oriente, proclama al mondo con spavalda sfrontatezza che la vecchia Madrepatria è pronta a sfidare il resto del pianeta in quanto a progresso e sviluppo economico. Forse sotto il profilo dei diritti civili si potrebbe discutere, di certo però molti dei timori che mi trovai ad affrontare nel 1995 oggi sembrano superati.

Scendendo in picchiata sino alla pista, mentre i carrelli stridevano toccando terra e i passeggeri trattenevano il fiato, mi convinsi di aver vissuto uno di quei momenti che rimangono nella memoria, ed è proprio con quel ricordo che voglio cominciare questo viaggio. Certo, vent'anni prima, quando Roger Moore nei panni di 007 nel film *L'uomo dalla pistola d'oro* arrivava in batiscafo da Macao, da quelle stesse acque emergeva ancora spettacolare e inquietante il relitto della *Queen Elizabeth* affondata misteriosamente in rada nel 1971. Quando toccai finalmente terra non c'era traccia del transatlantico semisommerso, naturalmente, ma l'atmosfera era la stessa. Sentivo di essere entrato in quel reame d'emozioni avventurose che la città mi aveva sempre promesso di lontano. Non era la mia prima visita a Hong Kong, ma quella mattina limpida, con il sole che strappava riflessi d'acciaio su edifici e vetture, la sagoma del palazzo dell'Oro simile a un gigantesco lingotto all'altro capo della baia era destinata a restare impressa a fuoco nella mia mente.

Pochi incidenti, dicevamo. Scendendo dalla scaletta salutato dai sorrisi delle hostess indonesiane nei loro sarong di batik, vidi il mare, le imbarcazioni, vecchi sampan e moderne navi da carico vicino ai grattacieli. Già un altro aereo spiccava il volo, pericolosamente vicino al centro abitato. Una vera sfida. E subito alla memoria tornava l'inizio di un classico dei romanzi di spionaggio anni sessanta, *Le tre vedove di Hong Kong* di Gérard de Villiers, che descriveva un incidente proprio su quella pista con un ammaraggio di fortuna durante il quale un informatore della CIA riusciva, malgrado tutto, a salvarsi. Ecco, per chi non ha mai avuto la possibilità di atterrare a Kai Tak toccando con mano quanto la pista sia prossima al mare e all'abitato, la circostanza raccontata in quel libro può sembrare, appunto, una trovata da storia d'avventura. Ma le onde così vicine al limitare della *runaway* di Kowloon Bay rendono il racconto verosimile, testimoniando che l'autore del celeberrimo SAS – il principe delle spie con una carriera quarantennale di avventure alle spalle – era stato personalmente in quel luogo. Come me aveva cercato spunti e atmosfere da inserire nel suo mondo.

Da quel viaggio nacquero i momenti culminanti del *Professionista - Morire a Kowloon*. Lo scenario di Kai Tak, l'interno dell'aeroporto mi servirono da sfondo per una movimentata scena d'azione che prevedeva uno scontro tra le autorità inglesi e un gruppo di manifestanti contro il passaggio di poteri da Londra a Beijing. In effetti l'atmosfera di diffidenza, la sensazione di essere stati traditi che i residenti di Hong Kong provavano verso il governo inglese era, all'epoca, palpabile e giustificata. Pur essendo cittadini britannici gli abitanti di Hong Kong avevano un passaporto di "seconda classe" che impediva loro di espatriare non solo in Inghilterra ma in ogni altro paese. In pratica erano prigionieri e, contando che molti di loro erano fuggiti dalla Cina Popolare procurandosi, nel migliore dei casi, un permesso di soggiorno precario, era come sentirsi ingabbiati senza una via di fuga. La sensazione di claustrofobia diventava più evidente appena entrati negli edifici amministrativi dell'aeroporto, aggravata in parte dal volume di traffico che stava diventando davvero ingestibile. Pochi minuti prima del mio volo era atterrato un carico di giapponesi e la fila, al rigidissimo controllo passaporti, si protrasse per più di un'ora e mezzo, gravata dal caldo appena mitigato dall'aria condizionata. Anche se eravamo "in entrata" si respirava un poco quell'atmosfera da "ultimi giorni prima della caduta", in cui tutti vogliono assicurarsi un posto sul primo volo in partenza e qualcuno è destinato a non riuscirci. Malgrado la truce presenza delle unità antiterrorismo composte da mercenari gurkha armati sino ai denti, la situazione non era poi così drammatica. L'attesa, l'inevitabile nervosismo, però, suggerivano una sensazione di malessere che, abbinata ai grandi striscioni bianchi esposti all'esterno da coloro che chiedevano all'Inghilterra di non essere abbandonati, mi suggerirono la sequenza che ho citato.

Stranieri in terra straniera

Di fatto, dopo l'interminabile coda al controllo fui risucchiato in più prosaiche problematiche. Primo consiglio: alle frontiere con i paesi orientali levate o mettete sempre gli occhiali a seconda di come siete stati immortalati sulla foto del passaporto. Lo stesso dicasi per barba e baffi. Il luogo comune secondo cui i cinesi sono tutti uguali ai nostri occhi non ha fondamento. Io almeno, dopo tanti anni, riesco a distinguerli perfettamente, ma come tutti i cliché anche questo racchiude una briciola di verità: al turista inesperto i volti orientali presentano caratteristiche molto simili.

Ovviamente però ciò vale anche per "loro". Di primo acchito noi *gweylo*, che significa "diavoli stranieri" – termine politicamente scorretto ma, senza malizia, la mentalità cinese *è* politicamente scorretta secondo i nostri criteri –, sembriamo tutti uguali. Se poi ci mettiamo anche a confondere le carte in tavola con occhiali, baffi, barbe che appaiono e scompaiono dalle foto rischiamo solo di far inceppare una macchina abituata a seguire le regole alla lettera e che difficilmente sa prendere scorciatoie in caso di emergenza.

Mi capitò, in un'altra occasione, di trovarmi al check-in del moderno aeroporto di Chek Lap Kok di fronte a un'impiegata cui si era "impallato" il computer. L'altrimenti efficientissima funzionaria rimase venti minuti di fronte al monitor, incapace di concepire anche solo la possibilità di chiedere aiuto a un collega. Le avevano detto che la macchina funzionava in quel modo e l'evidente dimostrazione che così non fosse l'aveva gettata in uno stato di panico dal quale non riusciva a uscire. A un gruppo di italiani incontrato in un altro viaggio andò ancor peggio. A un membro della famiglia il passaporto scadeva esattamente sei mesi dopo. Ora, esiste una regola – che le agenzie di viaggio dovrebbero sempre far presente – che rende impossibile il passaggio alla frontiera di alcuni paesi per chi ha documenti in scadenza nel giro di sei mesi. Morale: le inflessibili autorità di Hong Kong lasciarono a terra il capofamiglia malgrado proteste e implorazioni di moglie e figli. Fu necessario chiamare il consolato italiano... ma niente partenza prima di un paio di giorni.

Però all'aeroporto – a Kai Tak quanto in quello nuovo – le file sono ordinatissime e non si trovano "furbi" come spesso succede a casa nostra.

Tali aneddoti chiariscono la differenza di mentalità tra noi occidentali che, pur amanti dell'Oriente, restiamo sempre... "pieni di risorse" e la cultura locale. Cominciavo a rendermi conto, di fronte a cenni del capo solo abbozzati e ai sorrisi che significavano imbarazzati dinieghi durante l'affannosa ricerca del mio bagaglio finito, dopo due ore, in un deposito, di come, per quanto quel luogo mi affascinasse, ne sarei rimasto estraneo. È un concetto importante che avrei dovuto tenere a mente sempre e in qualunque momento a Hong Kong e, in generale, in Asia. Io, come milioni di europei e occidentali approdati là, sarei rimasto sempre un espatriato. Era una nozione che mi portava alla mente gli eroi perdenti di Conrad così efficacemente descritti in *Lord Jim*. Uomini confusi di fronte a un continente immenso, ricco di una cultura affascinante che, a dispetto di qualsiasi sforzo, non si sarebbe mai lasciata conquistare completamente. Proprio come una delle seducenti avventuriere dagli occhi a mandorla che avevo incontrato nei romanzi e nei film della mia fanciullezza e che, in carne e ossa, ho conosciuto in questi anni.

La consapevolezza di rimanere comunque in bilico, di essere un espatriato occidentale in Oriente è un concetto romantico, se vogliamo, ma anche pratico per affrontare la città. Perché a Hong Kong, forse, tutti, gli stessi locali che vi abitano giunti qui da remote località della Cina, *sono* espatriati. Persone in bilico, attirate da quell'angolo di terra sul confine tra due mondi ma destinate a essere sempre stranieri in terra straniera.

Una proposta di itinerario

La storia di Hong Kong non comincia a Kowloon, ma è dalla palpitante penisola che voglio iniziare il mio percorso. Avremo tempo per grattacieli e fantasmi di vecchi *taipan* delle società commerciali della guerra dell'Oppio.

I primi passi li muoveremo qui, incamminandoci per la lunghissima Nathan Road, tra il vecchio aeroporto e i dock del porto, tra quartieri formicaio, locali notturni, venditori ambulanti di cibo e negozi di elettronica. Qui, tra odori e fragori, in mezzo a una folla che non s'arresta mai neppure un istante nel corso di tutta la giornata, possiamo introdurci nel cuore della città respirando le sue suggestioni che, all'ammiccare delle luci notturne, alludono ad avventure reali o immaginarie, tutte così esaltanti da rendere la differenza ininfluente.

Capitolo 2

Kowloon, un primo approccio

Il punto d'inizio

Anche in un percorso che volutamente s'ispira alle linee circolari e all'abbinamento dei contrasti dello yin e dello yang come quello che ho scelto di intraprendere, c'è un punto d'inizio. Per me, senz'ombra di dubbio, il viaggio comincia al limitare della penisola di Kowloon, acquisita in perpetuo dal governo britannico nel 1856, tra le due guerre dell'Oppio che consolidarono l'aspetto di Hong Kong.

Ogni viaggiatore, per quanto vagabondo, ha i suoi punti di riferimento. Il mio lo scelsi più di vent'anni fa, quasi per caso, durante il mio primo soggiorno nella città. È un albergo che negli anni ottanta aveva un nome prestigioso e apparteneva a un'altrettanto sontuosa catena internazionale. No, non vi dirò il nome, ma ancora oggi mi fermo sempre lì, soprattutto perché con gli anni si ricerca qualche comodità e, se pure a volte si è costretti a fare di necessità virtù, dormire in una topaia senz'acqua per la doccia quando non ce n'è motivo mi sembra uno snobismo inutile. E poi il mio vecchio albergo è un così adeguato punto di partenza per scorribande cittadine che non vedo proprio ragione per cambiarlo. È vero, con gli anni si è fatto un po' più polveroso, le opere di ristrutturazione hanno seguito un criterio tutto cinese che non nasconde lo scivolare del tempo. Persino gli ex poliziotti in pensione che fungono da sorveglianti mi sembrano sempre gli stessi, un po' più acciaccati, un po' più rugosi e, soprattutto, oggi decisamente meno severi di quanto non accadesse una volta nell'impedire l'ingresso notturno all'esercito di "massaggiatrici" appostate di fronte ai grandi alberghi.

Per introdursi nell'atmosfera di Hong Kong – la metropoli reale e la città sognata attraverso libri e film che è poi quella che siamo venuti a cercare – Kowloon è il punto d'inserimento ideale. Percorrerne i 4 chilometri che conducono ai sobborghi di Mong Kok e Yau Ma Tei ci regala già una dose abbondante d'emozioni, ricordi, rumori, odori e colori per farci sentire un po' meno *gweylo*.

Dallo sfavillio d'insegne d'ogni tipo, da quelle dei ristoranti ai negozi d'elettronica, ai night o ai grandi magazzini, intuiamo che qui non si può procedere con una sola meta in testa. Lo strano patchwork di caratteri cinesi e occidentali che brillano e ammiccano, la straordinaria concentrazione di gente che s'affolla tra i marciapiedi, nei bar, che s'infila nella MTR, la rete sotterranea, o sugli autobus mi induce a una prima riflessione che sarà anche buona guida per la nostra escursione. Di Hong Kong noi occidentali abbiamo un'immagine forse stereotipata che il cinema e i romanzi prodotti nel nostro mondo eurocentrico ci hanno mostrato per decenni. La realtà è diversa eppure non del tutto differente. La rappresentazione romantica dei romanzi di spionaggio, dei libri d'avventura occidentali è ricavata da una verniciatura che Hong Kong ha dato a se stessa, simile al make-up delle taxi-girl all'uscita dei locali notturni per attirare il turista straniero. Il trucco maschera il viso reale della città, ma non lo distorce completamente.

Così come il cinema locale – la terza industria cinematografica nel mondo dopo America e India per numero di film prodotti annualmente – è un aspetto irrinunciabile se vogliamo comprendere lo spirito di Hong Kong. A poche centinaia di metri dalle Chungking Mansions, attraversata la strada, c'è uno dei grandi cinema della Golden Harvest, il Silvercord. La sala più grande vanta quattromila posti che, nelle sere dei giorni festivi, vanno regolarmente esauriti. Il cinema – le Ombre Elettriche, come vennero chiamate quasi cento anni fa agli albori dell'industria cinematografica locale – è nato come spettacolo d'intrattenimento ed è ancora tale, "popolare" nel senso vero del termine, un sogno per chi lavora anche diciotto ore al giorno e può permettersi solo per lo spazio di novanta minuti di volare come gli spadaccini medievali o essere protagonista di una storia d'amore strappalacrime. Per questo volgendoci a ogni angolo ne troviamo traccia: dai busti di Andy Lau – cantante e attore dei più famosi – in oro massiccio tempestato di diamanti nelle vetrine degli orafi, al volto ammiccante di Maggie Cheung, premiata a Cannes ma che non disdegna di pubblicizzare telefonini, a Bruce Lee che, a trent'anni dalla morte, rappresenta ancora uno dei miti più solidi della colonia.

Del cinema e di Bruce parleremo più approfonditamente, ma è bene sapere che tutti questi aspetti della cultura popolare, assieme agli eroi che l'Occidente ha creato e mandato qui in missione, sono qui, con noi, su Nathan Road, forse per magia... Dopo tutto sono proprio le loro tracce che siamo venuti a cercare.

Hong Kong Express

Di fronte all'albergo, adeguatamente inserito in quest'atmosfera che per metà è rutilante vitalità reale e per metà è sogno, m'imbatto nel primo monumento della Hong Kong sognata. Le Chungking Mansions.

Si tratta di un vastissimo complesso di appartamenti, centri commerciali e alberghi inseriti in un palazzone di diciassette piani dall'aspetto lurido ma brulicante di vita, animato da mille striscioni, insegne di ristoranti, guest house, cambiavalute e negozietti. È, anche nel cuore del distretto commerciale cinese degli acquisti di Tsim Sha Tsui, un'enclave di emigrati indiani. Con sorrisi affabili, la pelle dai riflessi bluastri e capelli impomatati, vi circondano, vi adulano, vi stringono subito la mano e v'infilano tra le dita il biglietto da visita. Qui in Oriente lo scambio delle business card non è mera cortesia. È un rito. I cinesi vi affidano i loro biglietti tenendone i lati con entrambe le mani, indice e pollice appena serrati sui bordi. Scritte, titoli, indicazioni di cellulari e negozi s'inseguono su elaborate composizioni grafiche. Tutto avviene con un piccolo inchino. Si aspettano che voi facciate altrettanto. Se poi, come me, siete "espatriati" in viaggio, vestite casual e non avete biglietti da mostrare riceverete ugualmente un sorriso. Siete *gweylo*, ricordate? Barbari... non si può pretendere che conosciate le buone maniere.

Gli indiani, quelli delle Chungking Mansions, sono meno formali. Sono qui per concludere affari, portarvi nel loro negozio a cambiare soldi, a commissionare un vestito che vi cuciono letteralmente addosso e che possono confezionare in un tempo incredibilmente breve. A volte si può concludere un buon affare, a volte no. Certe cuciture si sfaldano in un intervallo altrettanto breve. Ma non sempre è così.

Da questi primi approcci potrete valutare il vostro *joss*, la buona fortuna, una storpiatura cinese di *Deus* che nel pidgin – la lingua franca misto di tutti gli idiomi e di nessuno – ha trasferito il concetto di benedizione divina dalla cattolica Macao a qui arricchendola di mille altre sfumature.

Chungking Express era il titolo originale di un'opera di Wong Kar Wai, regista anomalo, *auteur* alla francese premiato anche in Occidente, un film che arrivò in Italia nel 1996. Per timore che il pubblico nostrano non capisse lo rititolarono *Hong Kong Express*, ma le Chungking Mansions erano proprio queste: un labirintico alveare, fulcro della comunità indiana, che diventava luogo d'incontro clandestino per la protagonista Brigitte Lin, per l'occasione con la parrucca bionda, e il poliziotto che le dava la caccia. Un episodio "noir" in una storia che sfiorava il mélo esistenziale e rifletteva una Kowloon differente dagli stereotipi.

Vale sicuramente la pena di esplorare un po' questo universo, che profuma di curry e mostra un volto indiano più che cinese, con la fermezza di chi non è disposto ad acquistare un orologio o un abito a ogni vetrina, e di salire nei quattro ascensori che portano ai vari piani dove il viaggiatore veramente a corto di soldi può trovare alloggio in camere anguste, acusticamente disastrose e olezzanti delle spezie più varie. Vederle, se non soggiornarci, è comunque un'esperienza. Portai il Professionista proprio qui, nel romanzo *Vivere nel Buio*, a giocarsi la pelle con sicari e delinquenti. Per la verità il posto è abbastanza sicuro malgrado le luci basse e i corridoi sempre più stretti. Come in ogni città asiatica l'espatriato susciterà sorrisi e occhiate di simpatia se avrà l'accortezza di non sfoggiare una ricchezza che, per molti, qui è solo un miraggio.

Ancora un po' frastornato da quest'atmosfera indiana, torno sulla strada principale e m'accorgo che il tempo è volato e le insegne s'illuminano.

La Penisola dei Nove Draghi

Kowloon è una storpiatura linguistica del cantonese *gau long*, che significa Nove Draghi. Qui arriva la prima immersione nel passato della Cina favolosa, in quel Regno di Mezzo che, tra Cielo e Terra, vive in una dimensione metastorica ai confini con la leggenda, un po' perché qui tutta la storia tende a diventare mito, un po' perché, dopo gli anni della rivoluzione culturale e la riscoperta odierna del valore (anche commerciale) del passato, guide e libri tendono a ricostruire in modo favolistico un'antichità di cui è rimasto poco in forma ufficiale.

La leggenda, dunque... Se spingiamo lo sguardo oltre le cime dei grattacieli, vediamo che alle spalle del conglomerato urbano di Kowloon s'alzano picchi scoscesi: si narra che Di Ping, imperatore fanciullo della dinastia Sung travolta dalle orde mongole degli Yuan, li scambiò per draghi addormentati. Un consigliere, probabilmente un eunuco di quella categoria di funzionari che si dimostrarono abili adulatori a volte e altrettanto infidi tessitori d'inganni in altre, gli suggerì che quel posto avrebbe dovuto chiamarsi "nove draghi" perché il Figlio del Cielo, benché in disgrazia, era pur sempre un drago, che si accompagnava a quelli incarnati nelle colline. Così nacque la denominazione rimasta ancora oggi, in un'era in cui le fumate degli scarichi nascondono le colline, magiche o naturali che siano.

Riattraversiamo la strada portandoci sul lato opposto delle Chungking Mansions per scoprire tra negozi di elettronica, ristoranti, piccoli night ed edicole un accostamento inaspettato. Una cupola a cipolla fiancheggiata da minareti. Una moschea nel cuore del vicino parco di Kowloon e, accanto a questo luogo di culto musulmano, un centro per la gioventù cattolica. Benché nella Cina continentale la libertà di culto sia ancora uno spinoso problema, qui – dove vige la regola "un paese-due sistemi" – sembra che trovare fianco a fianco edifici di religioni in altre parti del mondo contrapposte in guerre senza senso sia perfettamente naturale, come lo è, allungando il passo, imbattersi in un tempio dedicato a Tin Hau, la dea del mare protettrice di naviganti e pescatori.

Sembra impossibile, ma l'espressione "convivenza civile", forse favorita dal senso degli affari, ha trovato qui una vera realizzazione. Ne ebbi conferma in un recente soggiorno, alla vigilia di Natale, passando su questo stesso viale: tutti i negozi erano aperti, tutti vendevano, mercanteggiavano, festeggiavano o pregavano senza infastidirsi. Probabilmente, suggerirà il cinico, perché il desiderio di guadagnare è più forte di ogni controversia. A me piace pensare che a Hong Kong si sia trovato il modo di convivere, e quindi di prosperare, con rispetto. E se tutto ciò porta guadagno, che male c'è?

Gesti marziali al ritmo di danza

Basta allungare il passo e superare una gradinata per ritrovarsi nel parco, poco distante dal Museo di Storia della città, ricco di filmati e diorami che valgono sicuramente una tappa. Ci si ritrova in un bizzarro e piacevole incastro di giardini, spazi coperti, piccole terrazze dove sostare con l'illusione di sottrarsi al vorticare delle persone sui marciapiedi e al traffico sulla via.

Il kung fu, l'arte marziale cinese celebrata e distorta dal successo di molti film circolati in Occidente negli anni settanta, è un'altra delle linee guida che, dalla mia fanciullezza, mi hanno portato qui. Proprio su Nathan Road c'è la sede della Wing Tsun Kuen Association, dove Bruce Lee prendeva lezioni di combattimento in un tempo molto antecedente al suo successo. Kung fu o gongfu, come dicono qui, significa in realtà "duro lavoro", espressione che contraddistingue qualsiasi attività svolta con costanza e sacrificio. Praticamente si potrebbe applicare a tutto ciò che avviene a Hong Kong, dal gioco del Wei-qi all'attività in borsa e, perché no?, al meretricio nei locali di escort…

Sulle guide vi diranno diligentemente che, per vedere la gente comune esercitarsi nel taiji e in altre forme di ginnastica marziale cinese, occorre svegliarsi presto e venire in questo o in altri parchi. Si comincia a lavorare alla luce del sole e il tempo scarseggia sempre. È quindi vero che, alle cinque di mattina, è più facile sorprendere gruppi di anziani muoversi lentamente secondo le tecniche di una disciplina taoista che fu anche arte di lotta ma che Mao ordinò di trasformare in un pratico sistema di ginnastica – "popolare e democratico" – adatto a tutte le età. Se invece proprio non ce la fate a destarvi all'alba, potete passeggiare per il parco di Kowloon anche nei giorni di festa, a tarda ora o a metà mattina, e troverete qualcuno che si allena. Per la verità il taiji eseguito nei parchi per tenersi in forma è, oggi, appannaggio di anziani che hanno praticato magari lo stile di famiglia per tutta l'esistenza. I giovani preferiscono allenarsi in palestre moderne o addirittura dedicarsi ad altre attività fisiche. Ma lo spettacolo vale comunque la pena.

Qualcuno esegue i *quyen*, le "forme": sequenze prestabilite con la spada e la sciabola. Non tutti sono maestri, molti esibiscono pance da bevitori di birra, qualche nonna indossa una sorta di pigiama, ma qualcuno bravo davvero lo si nota. Una ragazzina dai lunghissimi capelli neri, che si muove con la leggerezza di un salice scosso dal vento mulinando una spada a due tagli, o un giovane in pantaloncini e canottiera che, fascio di muscoli in azione, inanella calci e pugni secondo lo stile Hung Gar, astraendosi dagli sguardi dei curiosi e degli inopportuni e immancabili fotografi. Allo stesso modo si colgono immagini bizzarre: un anziano signore, il viso avvizzito come una vecchia roccia erosa dal vento, che appoggia le mani a un tronco d'albero traendone energia secondo le tecniche del qi-gong, disciplina ancora più antica del taiji, sempre d'ispirazione taoista, che studia solo il movimento e l'energia ispirati dalla natura.

Il kung fu, in qualunque forma lo si pratichi e lo si voglia chiamare, fa parte della vita sociale e culturale di Hong Kong. Entra nei racconti, nei film, ma anche nelle abitudini della gente, come le chiacchiere domenicali degli anziani che vengono a bere *cha* verde sotto le tettoie, ciascuno con il suo uccello canterino nella gabbietta di legno e metallo da appendere agli appositi ganci. Sono riti sociali, abitudini che nessun regime o regola imposta dal mondo moderno riuscirà a cambiare.

E nel parco di Kowloon basta volersi fermare per un poco e osservare per trovarne traccia. Quando poi vogliamo riprendere la nostra prima passeggiata orientativa ricominciamo a muoverci su Nathan Road verso i quartieri di Yau Ma Tei e Mong Kok.

In the Mood for Love tra diritti civili e melodramma

Le abitazioni si fanno più fatiscenti, drammaticamente simili ad alveari, e ci riportano a una Hong Kong degli anni sessanta, pericolosa secondo alcune storie della fantasia, straordinariamente simile al nostro Occidente piccolo borghese se seguiamo altre suggestioni. Qui il ricordo ritorna a Wong Kar Wai, ed è strano, perché non è veramente questo il cinema di Hong Kong che amo e sono venuto a cercare. Ma *In the Mood for Love*, premiato a Cannes nel 2000, è un riferimento ineludibile tra questi casermoni. Vicenda sentimentale che in qualche modo si riallaccia alla vena "godardiana" di Wai, il film riesce a catturare il gusto per l'avventura amorosa drammatica che, invece, è tipicamente honkonghese. Ne sono protagonisti la già citata Maggie Cheung – così bella da sembrare disegnata – e Tony Leung, che un tempo avremmo definito "attor giovane" dallo sguardo romantico e disperato, se non avesse sparato migliaia di colpi in almeno due capolavori d'azione di John Woo, *Hard Boiled* e *A Bullet in the Head*, parzialmente ambientati in questo quartiere. Versatili e affascinanti, Tony e Maggie sono una coppia che s'incontra per caso proprio in uno di questi rutilanti condomini di Kowloon. L'anno è il 1962, reso da un'accurata ricostruzione di costumi misto di moda cinese e occidentale, da interni illuminati con una luce che sa di un'atmosfera d'epoca e da canzonette di quel periodo, curiosamente eseguite in spagnolo. Allora come oggi lo spazio è ristretto per tutti e molte famiglie, giovani coppie per la maggior parte, devono affittare camere in appartamenti già occupati. È un microcosmo comunitario dove c'è persino una cuoca che prepara riso e zuppe per tutto il piano. Qui trovano alloggio Maggie e il marito, che non vediamo mai, affittuari in un appartamento attiguo a quello occupato nella medesima sistemazione da Tony e dalla moglie la quale, parimenti, rimane ignota. Nello spazio di qualche scena, poche battute e qualche sguardo commentato dalla musica, comprendiamo la solitudine dei protagonisti e ne apprendiamo i travagli amorosi. Entrambi traditi dai rispettivi coniugi (che hanno allacciato una relazione coperta da viaggi all'estero), Maggie e Tony s'innamorano senza mai trovare il coraggio di consumare il tradimento. Lui, giornalista, sogna di scrivere romanzi di cappa e spada *wuxia*, lei, avida lettrice, lo ispira, lo aiuta. Passano le notti assieme, ma non compiono mai il passo decisivo. Come nella miglior tradizione del mélo – orientale e occidentale – macinano la propria infelicità nella speranza, finché, stanco di sogni di prospettive irrealizzate, Tony decide di trasferirsi a Singapore. Entrambi i protagonisti fantasticano una fuga, ma nessuno si decide a chiedere all'altro di fuggire. Così si separano per anni, fino al momento in cui Tony torna in città in quello stesso caseggiato, che è rimasto affollato ma è ormai popolato da gente diversa che non ricorda. Lo spettatore rivede, quasi di nascosto, Maggie, divenuta una brava mamma ma che rimane una moglie infelice, mentre, ancora una volta, Tony scompare senza la forza di realizzare sogni e aspirazioni.

Immagino fiumi di lacrime nei cinema locali mentre la vicenda sentimentale, volutamente filmata in modo algido, veniva salutata dalla nostra critica come un capolavoro di stile. A Wong Kar Wai bisogna riconoscere di aver saputo battere le strade che portano al successo critico occidentale lasciando tracce per ottenere quello orientale, che a volte sembra impostato su differenti canali. Qui si raccontano storie senza la vergogna di lasciarsi trascinare dai sentimenti. Si va al cinema per piangere, per battere le mani, per vivere con i protagonisti di storie inventate. Perché quegli stessi caseggiati sovrappopolati sono teatro di vite difficili, drammatiche più dei film. Vicoli dove, nel 1967, la polizia caricava la folla con lancio di fumogeni e manganellate disperdendo gli studenti che simpatizzavano con Mao e protestavano per l'aiuto fornito all'America in Vietnam. Ne scaturisce un miscuglio di romanticismo e violenza che mi è rimasto nella memoria dalla visione di un film già citato con lo stesso Tony Leung – *A Bullet in the Head* – in cui il protagonista, costretto a fuggire in Vietnam, abbraccia la moglie-bambina di fronte alla scuola mentre studenti e polizia s'azzuffano violentemente tra lacrimogeni e ordigni di fortuna con esiti funesti.

Quegli anni sono una pagina difficile della storia di Hong Kong, che ci immerge in un'atmosfera più cupa, venata di cospirazione politica come in un vecchio romanzo di Kenneth Royce, *Per Hong Kong senza ritorno*. Qui, in un volumetto pubblicato da *Segretissimo*, un agente americano veniva inviato per indagare sui legami tra proteste studentesche e servizi segreti cinesi. Non era una storia spettacolare, ma un ritratto cupo – com'era abitudine dell'autore, allora abbastanza noto – di un uomo convinto ad affrontare una missione suicida dai suoi capi che, per motivarlo, gli avevano persino fatto credere di essere inguaribilmente malato. L'Hong Kong delle giunche e dei night si mescolava così con la condizione disperata del protagonista, specchio della rabbia repressa dei giovani di una città che si sentiva in ostaggio degli occidentali, divisa dalla Madrepatria da trattati ingiusti, stipulati in un'altra epoca da un diverso governo cinese.

Oggi non è più così. La coscienza politica dei giovani di Hong Kong è stata totalmente assorbita dal nuovo corso della Cina, la via verso il libero mercato, che, favorita dal nuovo assetto economico della regione ad amministrazione speciale, ha permesso a tutti di coltivare attività individuali attraverso le quali guadagnare e spendere, senza costrizione. È necessario, però, come mi era già capitato di notare a Shanghai, evitare qualsiasi discorso o allusione ai diritti civili. Tian'anmen insegna. Come mi disse una ragazza una volta – Yu Li Rong si chiamava, la Bella Giada – gli studenti erano strumentalizzati dagli americani. Basta non voler votare o persino paventare un cambio di governo e si può vivere da capitalisti, è sufficiente avere iniziativa. E questa, di certo, gli abitanti di Hong Kong l'hanno sempre avuta.

Il paradiso dei piccoli affari

Per confermare i più classici cliché citati in ogni guida turistica, nei vicoletti di Yau Ma Tei e di Mong Kok si trova di tutto, dal barbiere di strada alla vecchina che vende giornali all'angolo, e ci sono stradine dove viene esposto ogni genere di cibo vivo o laccato e caramellato. Ristoranti angusti servono volpe e serpente fritto, molto simile all'anguilla, accanto a più moderni McDonald's. Ma trovo più interessante una trasversale dove si vendono solo animali. Non per mangiarli questa volta. È la Cina moderna, perdinci! Qui non è vietato possedere animali da compagnia come a Beijing: chi se lo può permettere può acquistare magnifici cani, gattini e altri animaletti domestici. I negozi sono un esempio di pulizia, e sfido qualsiasi animalista a trovare difetti nel modo in cui sono tenuti ed esposti i cuccioli più belli che mi sia capitato di vedere, che giocano con palle colorate, si rotolano su morbide coperte e sembrano invitare grandi e piccini all'acquisto.

In questa zona ogni strada ha la sua specialità. Se amate i giocattoli in plastica, questo è il vostro regno. Personalmente sono un collezionista di *action figures*, pupazzi snodabili alti una trentina di centimetri, quelli che, quando ero ragazzo, costavano un occhio della testa nei negozi italiani e venivano importati dalla Hasbro americana. Sì, avete capito, il famoso GI Joe... be', qui a Hong Kong ci sono le ditte che fabbricano le migliori riproduzioni di questi pupazzi che, più di un gioco, sono un oggetto da collezionismo, considerata la qualità del dettaglio e la delicatezza dei singoli componenti. Cercando in un vicoletto sulla destra, se si procede con le spalle alla baia, si trova una viuzza stipata di minuscoli negozi che vendono questo e altri generi di giocattoli. Spesso prodotti di grandi marche ma anche pezzi artigianali al dettaglio, personalizzati secondo le esigenze del cliente. Con pochi dollari di Hong Kong è possibile acquistare il pupazzetto e... vestirlo ed equipaggiarlo secondo il proprio gusto personale. Ci sono figurine militari, ma anche agenti segreti, pupazzi maschili e femminili con teste intercambiabili; alcuni rappresentano famosi personaggi del cinema (da Sean Connery a Jean Reno), altri della politica internazionale.

In una viuzza vicina si vendono perfette repliche di armi "made in Japan" per il *soft air*, una sorta di battaglia simulata dove le mitragliette sparano palline di ceramica (dolorosissime...). Qui ho incontrato una macchietta: un ragazzone grasso con la faccia brufolosa e gli occhiali spessi che, vestito completamente da Rambo, comprava una replica-giocattolo (fino a un certo punto...) di un fucile di precisione Barrett calibro 50. Chissà per quale missione speciale partiva tra le mura anguste della sua abitazione...

L'apoteosi di questo microcosmo commerciale animato e frequentatissimo dai giovani è il mercato dei DVD, che hanno soppiantato completamente laser disc e videocassette da molti anni. In una città dove si celebra il trionfo dell'elettronica (attenti agli acquisti, qui gli "affari" vanno sempre controllati e la garanzia a volte è tale solo di nome), a ogni angolo di strada si trovano negozi più o meno grandi di DVD. Produzione locale e straniera offrono un'ampia scelta di titoli a prezzi davvero concorrenziali grazie alla singolare interpretazione del diritto d'autore in Cina, che consente di pagare film appena usciti nelle sale occidentali a costi stracciati. I DVD locali di solito sono in Zona 0, possono cioè essere riprodotti con i lettori di tutto il mondo, ma se volete un articolo tipicamente di Hong Kong dovete rivolgervi ai VCD, i video CD, che si presentano come i loro cugini musicali. Visibili con ogni genere di apparecchio, presentano il film diviso in due dischi, di solito ripreso con una qualità paragonabile a quella di una videocassetta, in mandarino con sottotitoli cantonesi e inglesi, ma a prezzi davvero bassissimi. Per chi come me è appassionato di cinema locale è una vera pacchia. Il prezzo medio si aggira sui 12 dollari HK che, a Natale del 2003, equivalevano a circa a 1,20 euro... Tornai da quel viaggio con una valigia piena di piccoli tesori. Ovviamente anche qui la pirateria impera e il mercato dei VCD si accosta a quello delle pellicole piratate, fenomeno così evidente da aver dato luogo anche a un paio di film. Tra questi mi piace ricordare *A True Mob Story* con il cantante attore Andy Lau, di Wong Jing, regista prolifico e sanguigno, ben diverso da Wong Kar Wai, che si basava appunto sul mercato clandestino dei VCD pirata.

Il tempio di questo commercio è un palazzone di Nathan Road che occupa i numeri dal 582 al 592. Si tratta del Sino Center. Nell'interrato, cui si accede dalla strada attraverso una scala mobile, si vendono giocattoli giapponesi in plastica, poi si sale in un labirinto di piani divisi in cubicoli. Vale certamente la pena di una visita. Qui l'atmosfera vociante e fragorosa è quasi peggio di quella delle Chungking Mansions, ma in salsa tipicamente cantonese. Ognuno ha il suo piccolo tugurio costellato di dischi, per lo più pirata con copertine fotocopiate, e il suo televisore su cui viene proiettato l'ultimo successo. Nell'aria odore di zuppa, di fritto. Scorazzano bande di ragazzini con i capelli decolorati, donne-bambine vestite con capi di abbigliamento occidentali scelti alla rinfusa purché abbiano un sapore "straniero". E naturalmente sfaccendati, gente delle Triadi che qui sorvegliano che non succeda nulla, che nessuno rubi, ma soprattutto che non arrivi la polizia. Perché a ogni piano che si sale il materiale in vendita cambia, sino all'ultimo dove gira solo ed esclusivamente il porno, quello occidentale copiato su semplici CD venduti in buste, o quello locale, ancor più artigianale. Senza remore o pudori vediamo sugli schermi scene di sesso spinto girate con videocamere di fortuna. E il venditore, che a questo punto diventa più che altro un imbonitore da locale notturno, se non peggio, ride indicando le immagini sul video con i bastoncini che gli servono per consumare il suo pasto a base di zuppa di spaghetti e alghe. Un giro al Sino Center è forse la migliore introduzione alla Hong Kong commerciale, moderna eppure ammantata ancora di un'atmosfera canaglia, da mercato clandestino.

Uscendo, un po' frastornati dalle luci e dal rumore, s'impone un breve giro al Ladies' Market che, come si intuisce dal nome, è riservato esclusivamente alle donne e occupa l'ultima parte di Mong Kok con bancarelle di fiori, frutta, abiti smessi e nuovi ammucchiati in ceste dove, se si ha la pazienza di cercare, qualcosa di bello e a poco prezzo si trova sempre…

In diretta dal punto caldo della penisola...

Oltre questo colorato e profumato bailamme una serie di passaggi sospesi sulla via delimitano la zona popolare da quella che un tempo era la Città Murata, un luogo che avremo modo di visitare quando ci saremo addentrati un poco di più nei segreti di Hong Kong.

Ci spingiamo qualche strada più a est, verso una zona assediata da casermoni popolari. Qui l'impressione di trovarsi in un formicaio suddiviso in centinaia di appartamenti-celle dove si vive in comune ma, al tempo stesso, si condivide con giustificato timore l'apprensione di visite sgradite, è ancor più ossessiva. Ogni appartamento è oggi – a differenza di quanto avveniva nella Hong Kong degli anni sessanta descritta da Wong Kar Wai – difeso da grate e inferriate. Nei corridoi interminabili e male illuminati si consumavano le vicende di vita e malavita del bellissimo e tragico *Made in Hong Kong* di Fruit Chan, che iniziava con il suicidio di una ragazzina, tuffatasi dal tetto di un palazzo alla ricerca della libertà.

Ancor di più quest'atmosfera la si ritrova in un film presentato a Cannes nel 2005, opera di uno dei pochi ultimi veri talenti del cinema "nero" della colonia, Johnnie To. Un regista che ho conosciuto e intervistato più volte a Udine al Far East Film Festival e che è rimasto l'ultimo della sua generazione a girare nella sua città. *Breaking News* non è solo un ottimo thriller d'azione, aperto da un piano sequenza di una sparatoria filmata senza fronzoli spettacolari ma capace d'inchiodare chiunque alla poltrona, è anche un segno di quanto siano cambiati i tempi. Siamo già sotto l'amministrazione cinese, ma la polizia pare rimasta quella del periodo della dominazione inglese. In seguito a un cruento scontro con le forze dell'ordine quattro gangster si rifugiano in uno dei palazzoni del rione vicino al porto commerciale tra Yau Ma Tei e Tsim Sha Tsui. La debacle della polizia, con tanto di agente che in ginocchio chiede pietà, viene ripresa dai telegiornali e proposta nei notiziari mettendo in grave imbarazzo le autorità. Queste contrattaccano non solo scatenando una massiccia caccia all'uomo nel quartiere, ma trasformando l'operazione in un evento mediatico a supporto della polizia. Sfortuna vuole che i fuggiaschi, cui si è unita una coppia di killer, trovino rifugio in una casa dove un ragazzino munito di computer e webcam riesce a diffondere immagini molto meno eroiche dell'operato degli agenti. In un serratissimo scontro che, come in tutti i film di Johnnie To, assume coreografie "geometriche", si svolge una battaglia a colpi di mitra e di pistola, ma anche di spot e immagini rimontate. Un esempio di cinema poliziesco e al tempo stesso sociale che ci mostra le strade di Kowloon e delle sue immediate vicinanze con realismo, senza folclore e senza le preoccupazioni per l'immagine delle autorità che ci aspetteremmo da un governo occidentale. Il film, circolato in Italia e reperibile in DVD, è forse una delle migliori introduzioni al genere e alla città che possa consigliare. Degno accompagnamento di questa nostra passeggiata iniziale.

La nostra prima escursione a Hong Kong termina a pomeriggio inoltrato, praticamente di notte, quando le insegne hanno sostituito il sole e l'animazione è semplicemente aumentata, magari ha cambiato ritmo adattandosi alla sera, ma non è certo diminuita. Già ci sentiamo meno *gweylo*, meno diavoli stranieri. Abbiamo respirato l'atmosfera di Kowloon scoprendo qualcuno, ma solo qualcuno, dei suoi segreti. Siamo pronti per una tappa successiva...

Capitolo 3

Espatriati, taipan e trafficanti d'oppio

Verso Victoria

Se avete davvero fretta di passare da Kowloon all'isola di Victoria potete prendere un taxi e farvi portare dall'altra parte dello stretto attraverso il Western Harbor Crossing, il modernissimo tunnel che qualche appassionato di film d'avventura dozzinali ma non del tutto spiacevoli ricorderà inaugurato all'inizio di *Double Impact* di Sheldon Lettich. Muscolare pellicola d'arti marziali e sparatorie, *Double Impact* era interpretato da Jean Claude Van Damme, per l'occasione sdoppiato nell'interpretazione di due gemelli divisi dal destino ma uniti contro la mafia cinese.

Sarebbe un peccato però prendere quella via, perché il nostro itinerario alla ricerca di storie e suggestioni ci impone un'altra tappa, decisamente più romantica. Oltre tutto più economica e, considerati i tempi di percorrenza, anche più rapida.

A pochi passi dal mitico hotel Peninsula di Kowloon, infatti, troverete la stazione dello Star Ferry, inaugurato circa un secolo fa, che con le sue quattrocentocinquanta corse giornaliere effettuate in circa otto minuti è diventato uno dei simboli di Hong Kong. Si paga l'ingresso con le monetine necessarie a raggiungere i 2,50 dollari di Hong Kong (circa 2 euro) e si accede attraverso i tornelli color bronzo alla passerella coperta, con il pavimento di assi di legno, che ci porterà al piano riservato agli imbarchi. Sulla via bancarelle d'ogni tipo, ottime librerie dove trovare testi in lingua inglese sulla città e gli immancabili guidatori di *rickshaw* in attesa di essere fotografati. Oggi tutti prendono i taxi rossi in fila all'esterno, anche perché i ciclotaxi

– o risciò, come si diceva una volta storpiando il nome originale di questi veicoli sospinti da biciclette o tirati a forza di gambe – sono giustamente vietati. Del resto chi avrebbe il coraggio di farsi trasportare dagli incartapecoriti vecchietti seduti con i cappelli di paglia sui loro *rickshaw* rosso vivo? Una foto, però, tenta anche il più disincantato dei viaggiatori, se non altro per avere la scusa di versare un piccolo obolo ad anziani che di certo non sono tutelati da un fondo pensione. Un po', ammettiamolo, ci piace sederci sui comodi sedili del *rickshaw* per rivivere l'atmosfera degli espatriati europei che hanno fatto la storia di questa città...

Questa prima, piccola tappa serve a introdurci al rapido ma fascinoso viaggio sui grandi traghetti dai nomi favolosi ispirati alle stelle – *Morning Star*, *Twinkling Star*, *Celestial Star* –, di colore verde e bianco. Il braccio di mare da attraversare è breve ed estremamente trafficato. Alcune guide allettano il lettore promettendogli la possibilità di vedere il passaggio di una giunca con le vele ad ali di pipistrello, simbolo di Hong Kong anche sul logo della società turistica più nota. Ma è una mezza leggenda. Di tali romantiche giunche ne esiste oggi solo una manciata e la maggior parte è utilizzata per crociere turistiche con tanto di cena e danze tradizionali. Di certo quella con le vele nere impiegata dal killer Scaramanga nel film *007 - L'uomo dalla pistola d'oro* apparteneva a tale flottiglia. Non esistono più gli affascinanti pirati d'un tempo e i contrabbandieri non usano certo mezzi così antiquati. Di traffici sospetti e di moderni squali a due gambe lo stretto abbonda comunque ma, come avveniva nel prologo di una recente puntata del serial *Young and Dangerous*, i nuovi gangster si muovono con motoscafi d'altura e indossano abiti firmati da sarti italiani.

Nondimeno d'incontri clandestini o romantici sui ponti vecchiotti dello Star Ferry se ne sono svolti a migliaia. Tra quelli che la mia memoria di sognatore cinefilo ricorda con maggior vividezza, l'incontro immortalato in *Matricola 524* di Francis Ng, un piccolo film in cui s'inseguivano un poliziotto in crisi e la sua psichiatra. Poco conosciuto in Occidente, Francis Ng è uno dei volti più interessanti del cinema della colonia; lo conobbi al Far East Film Festival di Udine, dove era venuto a presentare un film di cui era protagonista e la "sua" pellicola, realizzata in poco più di due settimane con il contributo gratuito di gran parte della troupe...

Il cuore coloniale della città

La verità è che la visuale della baia, con i grattacieli e le chiatte in transito, ci riporta ai tempi più gloriosi della storia della colonia. Della galleria sotterranea all'arrivo del traghetto conservo un ricordo natalizio che mi confermò ancora una volta l'incredibile capacità di sincretismo della città. La ricorrenza del 25 dicembre riusciva ad abbinare un'usanza cinese, come i bigliettini ex voto offerti a divinità pagane, alla moda dei cartoncini dalla curiosa foggia di Babbo Natale appesi al soffitto del condotto sino all'uscita. Da qui si giunge nella piazza principale di Victoria, dominata dal modernissimo Centro Esposizioni e Conferenze, conosciuto come "l'Armadillo" per la sua particolarissima forma.

Si procede quindi verso Gloucester Road che, serpeggiando tra i grattacieli più alti della colonia, conduce sino al cannone di Mezzogiorno, che continua a sparare un colpo ancora oggi che gli inglesi se ne sono andati, e con loro la guarnigione di mercenari gurkha provenienti dal Nepal incaricata di garantire la sicurezza del governatore. Se visitate questa zona la domenica la troverete ingombra di centinaia di *amah* di origine filippina, domestiche a servizio di famiglie ricche che festeggiano il giorno di libertà con un picnic collettivo nelle strade più eleganti. Distesi i loro teli colorati sui marciapiedi, ridono e mangiano, circondate da frotte di bambini. Spettegolano e si pettinano l'un l'altra assaporando, anche se solo per poche ore, una familiarità che le rigide regole di comportamento delle famiglie presso cui prestano servizio non permetterebbero.

L'occhio dell'espatriato – sempre di più mi immergo in questa condizione psicologica – si ferma però su un grattacielo che, oggi, non è neppure uno dei più alti. Si tratta di un'imponente e originale costruzione caratterizzata da finestre circolari che la punteggiano sui quattro lati. Fu una perfetta location per numerosi film d'avventura degli anni settanta, primo tra tutti *Poliziotto privato: un mestiere difficile* di Robert Clouse, con un Robert Mitchum che indagava sul traffico di eroina spostandosi da Amsterdam a Hong Kong. Un thriller d'altri tempi, ma che mi è rimasto nella memoria proprio come quel palazzone, riprodotto in moltissime pellicole dell'epoca. La spiegazione della sua ricorrente presenza nelle avventure in celluloide, al di là delle sue caratteristiche particolarmente scenografiche, sta nel fatto che quel grattacielo è stato per più di cento anni il vero fulcro di Central District.

Anche se oggi sembra un nano tra i palazzi della Bank of China, della Lippo indonesiana e della HK & Shanghai Bank, rappresenta un pezzo di vita della colonia. Era la sede originaria della società commerciale (che qui si chiamano *hong*) Jardine & Matheson, che si occupava dell'importazione dell'oppio del Bengala in Cina nel XIX secolo, pilastro e fondamenta della fortuna commerciale di Sua Graziosa Maestà Britannica in Asia. Il palazzo, ormai suddiviso tra differenti società da quando, con il 1997, la Jardine & Matheson si è trasferita in Australia, è un cimelio della storia, non solo di quella reale ma anche di quella sognata che sono venuto a cercare. La Jardine & Matheson, infatti, ispirò lo scrittore James Clavell per il suo ciclo di romanzi – *Taipan*, *La Nobil Casa*, *Tempesta* e *Gaijin* – dedicati alla famiglia Struan.

Ma prima di rievocare la leggenda, ripercorriamo il sentiero della storia della colonia, che fu un'epopea di pirati, di avventurieri, trafficanti d'oppio e di concubine altrettanto brutale di quella immaginata dalla fantasia.

Per un pugno d'oppio grezzo

Hong Kong, posta nel delta del Fiume delle Perle (Shum Chun) nella regione del Guangdong, a poca distanza da Canton (Guangzhou secondo la trascrizione Pinyin), era considerata solo un isolotto roccioso, infestato da paludi malariche, rifugio di pochi pescatori e pirati. Nulla di paragonabile all'avamposto che i portoghesi avevano costituito a Macao sin dal Cinquecento. E, in effetti, erano stati proprio i portoghesi ad aprire la via del commercio con il chiusissimo Regno di Mezzo, dominato all'inizio dell'Ottocento dalla dinastia Qing, di origine mancese (quindi mongola), che aveva spazzato via i Ming organizzando un complesso sistema di burocrazia il cui fondamento erano i *man da ren*, funzionari imperiali ben accorti a limitare i contatti con l'Occidente "barbaro". Canton e Macao erano tra i pochi scali commerciali concessi ai "diavoli stranieri" e gli scambi avvenivano tutti in favore dell'imperatore. Le merci cinesi – sete, spezie, avorio e giada – dovevano per legge essere pagate tutte in lek d'argento.

All'inizio del XIX secolo una società inglese, la Garway & Sons, cominciò a importare in Inghilterra e nel resto d'Europa una nuova bevanda ricavata da foglie di una particolare qualità di camelie che si produceva a Darjeeling, in India, ma che cresceva ancor più rigogliosa e aromatica nel Regno di Mezzo: il tè.

Bisogna sapere che il *cha* verde al gelsomino, considerato dai cinesi quello di migliore qualità, non piaceva ai "barbari", che preferivano il tè nero e rosso ricavati da lavorazioni meno sofisticate. Già questa è una distinzione importante per comprendere quel senso di superiorità che da sempre regolava ogni aspetto degli scambi culturali e commerciali tra cinesi ed europei.

Di fatto la nuova bevanda si diffuse a tal punto in Europa da stimolare richieste sempre maggiori, da evadere in porti come Canton. Qui gli scambi erano regolati attraverso intermediari, spesso corrotti, che venivano definiti *compradores*, in lingua lusitana, e che facevano da tramite tra i *man da ren* e gli agenti della Compagnia delle Indie Orientali, società privata che godeva però dell'appoggio militare britannico.

Intorno alla metà del secolo la richiesta di tè era tale che il continuo afflusso di argento nelle casse cinesi aveva quasi mandato in bancarotta il sistema economico inglese. A quel punto avvenne la scoperta da parte degli occidentali di un altro prodotto, ricavato questa volta dai fiori di papavero. L'oppio. In

India, nel Kashmir soprattutto, se ne produceva in grande quantità e di qualità eccellente.

Il *ta-yen*, come lo chiamavano i cinesi, era già ampiamente diffuso nel Regno di Mezzo, che già ne produceva di suo, ma di qualità meno pregiata, nello Yunnan. "Cacciare il drago tra le nuvole" era un'espressione colorita per indicare lo stato di annebbiamento fisico e mentale indotto dalla droga, che da anni era stata vietata in territorio cinese. Particolare giudicato insignificante dai mercanti inglesi che, per arginare la fuoriuscita d'argento dalle casse di Sua Maestà, ebbero l'intuizione di pagare il tè con l'oppio. Non fu difficile avviare questo mercato. Gli effetti della droga erano conosciuti in Occidente, ma la moralità degli imprenditori anglosassoni non sembrò particolarmente scossa: dopotutto sarebbero stati i cinesi a diventare schiavi del *ta-yen*. Curiosa ironia della Storia, che tende a rendere la pariglia nel corso del tempo. Il dilagare della droga in Occidente ha le sue radici proprio in quest'epoca e la giustificazione che a spacciare l'oppio furono per primi gli occidentali fu più volte avanzata da Khun Sa, celebre signore della guerra del Triangolo d'Oro, che rifornì per tutti gli anni settanta e ottanta i mercati della mafia in Occidente…

Ma per il momento non ci si doveva preoccupare d'altro che di avviare una nuova pratica commerciale. Se ne incaricarono gli espatriati delle società commerciali di Canton, uomini duri, avventurieri rotti a tutto, di certo snobbati nei salotti buoni inglesi ma perfettamente in grado di costruire un impero in Asia. Furono loro, uomini come i dirigenti della Jardine & Matheson o i loro rivali della Swires, che grazie ai buoni uffici dei loro *compradores* cinesi corruppero i *man da ren* ottenendo tè in cambio di oppio.

In pochi anni la diffusione del *ta-yen* in Cina si era decuplicata e non c'era *coolie*, prostituta, operaio, marinaio o uomo d'affari che non ne facesse uso. In certe città dell'interno le condizioni dei ghetti abitati da drogati erano abominevoli e superavano di gran lunga quelle già terribili dei rioni popolari dell'East End Londra. Il governo di Pechino (Peking, che ai tempi si chiamava ancora così secondo la trascrizione in uso del Wide-Giles) non poteva più sopportare una tale situazione. Nel 1839 l'imperatore Daoguang trovò nel funzionario Lin Zexu la sua inflessibile spada. Con il sostegno di un numeroso e agguerrito esercito, Lin circondò i *godown* – i magazzini del porto – di Canton e bloccò ogni rifornimento finché i mercanti non avessero consegnato tutto l'oppio in loro possesso. A poco valse la resistenza delle truppe inglesi agli ordini del capitano Elliot: mercanti come William Jardine furono obbligati a cedere ventimila casse d'oppio. Una ricchezza enorme che fu mescolata a calce e disciolta nel Fiume delle Perle, mentre i mercanti furono costretti a una poco dignitosa fuga verso Macao.

Gli interessi in gioco erano troppo alti. Era cominciata la prima guerra dell'Oppio.

Lord Palmerston, ministro degli Esteri inglese, era più che sensibile alle proteste e alle pressioni dei mercanti che in Asia si facevano carico di sostenere l'economia britannica smerciando oppio in Cina. Inviò una prima forza d'intimidazione che prese posizione intorno a Canton, agli ordini del capitano Elliot. Per un po' di tempo la situazione continuò a inasprirsi senza azioni di particolare violenza. Poi a Kowloon, durante una rissa in un postribolo, alcuni marinai inglesi uccisero i loro rivali cinesi e trovarono rifugio sulle proprie navi. Ovviamente Elliot si rifiutò di consegnarli alla giustizia cinese. Tale fatto indusse l'orgoglio dei locali a una violenta ritorsione che portò alla cacciata da Macao di tutti i mercanti inglesi. Dall'oggi al domani Hong Kong divenne un'isola rifugio per gli infuriati mercanti inglesi e le loro famiglie.

A questo punto l'Inghilterra non aveva bisogno di altri pretesti per mettere in atto un piano che si preparava da mesi.

Non era più una questione tra mercanti. Il governo di Sua Graziosa Maestà inviò una forza di spedizione di quattromila uomini. Considerato che i primi negoziati fallirono per palese malafede da entrambe le parti, non c'è da stupirsi se il conflitto si estese a tutta la Cina. Non solo Canton fu assediata, ma numerose città costiere sino a Shanghai vennero bombardate pesantemente. Era questo il vero e proprio obiettivo degli inglesi. Secondo il governo britannico Elliot fu addirittura troppo morbido ottenendo solo la cessione dell'isolotto di Hong Kong dalla Cina. Dopo la convenzione Chuengpi, Elliot mandò il tenente Belcher a piantare il vessillo inglese sull'isola, ma a Londra non erano soddisfatti. Eliminato Elliot, il comando delle operazioni fu passato nelle energiche mani di Henry Pottinger, che sarebbe diventato il primo governatore dell'isola.

Un... "incidente" avvenuto su un isolotto del delta del Fiume delle Perle provocò la morte di alcuni marinai inglesi e una nuova massiccia iniziativa militare occidentale che si protrasse sino al 29 agosto 1842, quando la Cina fu costretta a siglare il trattato di Nanchino, consentendo l'apertura di cinque porti (Canton, Xiamen, Fuzhou, Ningbo e l'agognata Shanghai) nei quali gli occidentali avrebbero potuto stabilire legazioni sottoposte alle leggi sovrane degli stati di appartenenza. Hong Kong, comunque, si sarebbe rivelata un cuneo importante per penetrare nell'economia cinese. A questo punto tornarono in scena i mercanti come Jardine & Matheson e i loro concorrenti Swires. La guerra ebbe, pochi anni dopo, una nuova recrudescenza, che ancora una volta segnò la vittoria della tecnologia occidentale. Nel 1860 veniva siglato un altro trattato in cui l'Inghilterra otteneva la proprietà di Kowloon sino a quella che veniva denominata Bonduary Street, la "via di confine", e dell'Isola dei Tagliapietre. Pochi anni dopo, per consentire un miglior approvvigionamento idrico e la presenza di un'area rurale, fu siglato l'affitto per novantanove anni della zona denominata Nuovi Territori, 50 chilometri di colline verdi e una serie di isolette. Hong Kong diventava una potenza, il centro dei commerci occidentali nel Sud della Cina.

La casa che oggi è diventata un grattacielo avveniristico possedeva già una sua tradizione. William Jardine era morto durante un tifone nel 1843, ma si era già guadagnato il titolo che lo avrebbe reso famoso. I mercanti delle *hong* commerciali erano conosciuti dai loro *compradores* cinesi come *taipan,* che significa "capo supremo", ma William Jardine era considerato da tutti "il Taipan" per eccellenza. E qui comincia la leggenda...

Il bardo della colonia

Prima ancora di lasciare alla memoria la possibilità di evocare le vicende fantastiche del Taipan della Nobil Casa, mi piace ricordare il loro creatore, James Clavell, che non solo fu scrittore e sceneggiatore di fama ma, prima di tutto, ha incarnato nel mio immaginario la figura di quell'espatriato europeo che si recava in Asia a cercare nuove opportunità. Lessi i suoi romanzi *Shogun* e *Taipan* diversi anni prima di venire in Oriente davvero, e certo lasciarono un segno nella mia immaginazione per la vividezza con cui ricreavano l'ambiente, ma soprattutto per le figure dei protagonisti. Stranieri in terra straniera, il pilota inglese finito alla corte dello Shogun giapponese (interpretato in un celebre sceneggiato da Richard Chamberlain) e il Taipan della Nobil Casa erano uomini in costante conflitto con se stessi, oltre che con l'ambiente ostile ed esotico che li circondava. Ne erano stregati, amavano quelle donne dagli occhi a mandorla e la pelle d'avorio, tentavano disperatamente di essere come gli asiatici per affermare la loro diversità dal mondo occidentale ma, alla fine, dovevano soccombere alla realtà. Un espatriato rimane tale, per quanta passione e volontà impieghi per integrarsi in Asia. È stata una condizione che io stesso ho sperimentato e credo che Clavell l'abbia vissuta in prima persona per poterla trasferire con tanta potenza evocativa nelle sue pagine di scrittore.

Nato in Australia in una famiglia britannica che, per tradizione, era legata alla Royal Navy, James Clavell sembrava destinato sin da ragazzo a far carriera in uniforme. In effetti fu così che iniziò la sua avventura, imbarcato su una nave da guerra di Sua Maestà all'inizio del secondo conflitto mondiale, in un tempo in cui l'imperialismo giapponese sognava una grande Asia sottomessa al potere di Tokyo.

Dalla metà degli anni trenta il Giappone stava attuando l'equivalente asiatico della ricerca dello "spazio vitale" di Hitler. In Manciuria (chiamata Manchukuo dai giapponesi) aveva creato un governo fantoccio a capo del quale c'era il debole imperatore Puyi, ultimo rampollo dei Qing manchu, caduti con la rivoluzione del 1912. La Cina si dimostrava ancora una volta un impero minato dal gigantismo e dalle lotte interne. Divisa tra comunisti e signori della guerra, fu travolta dalle brutali e organizzate armate nipponiche che, da Shanghai e Nanchino, dilagarono in tutto l'Oriente. È l'epoca della guerra dei mercenari di Chennault in Birmania e Thailandia, le famose Tigri Volanti, ma anche dell'occupazione della Malesia, dell'Indonesia, e di tutta l'Indocina francese. Singapore diventa un enorme campo di concentramento, così brutale da far impallidire quello concepito per la costruzione del famigerato ponte sul fiume Kwai in Thailandia, rievocato nel romanzo di Pierre Boulle e in un famoso film con Alec Guinness.

Clavell, come molti suoi compatrioti, cade prigioniero e viene mandato proprio a Chang-chi, a Singapore. Qui sopravvive al campo di prigionia, ne apprende le regole spietate di sopravvivenza, i meccanismi che consentirono a pochi avventurieri europei di arricchirsi a spese degli altri. Fu un'esperienza illuminante che allontanò Clavell dall'idea romantica della marina e lo spinse a dar sfogo alle sue capacità di romanziere. *King Rat* (*Il re* nell'edizione italiana) racconta di quest'avventura da incubo ed è il punto di partenza moderno della saga costruita intorno agli Struan. Negli anni sessanta Clavell diventa sceneggiatore e propone al cinema la sua storia, che diventa un film con Peter O'Toole, specializzato nei ruoli di espatriato (*Lord Jim* e *Lawrence d'Arabia*), il quale interpreta con aderenza la figura di un sottufficiale inglese che diventa un re – il re-topo del titolo – gestendo traffici tra secondini e prigionieri. È un'epopea di sopravvivenza, di uomini disperati, contiene in nuce tutta la narrativa di Clavell. Curiosamente questi dirige poi un film ambientato durante la guerra dei Trent'anni, il cui fulcro è sempre il tema dello straniero: in questo caso Omar Sharif nei panni di un medico in fuga che arriva in un paese isolato nelle montagne della Baviera e si trova a mediare tra il borgomastro e un gruppo di soldati di ventura. A ben guardare la storia è la stessa di *Shogun* trasferita in Occidente.

Ma Clavell è attratto dall'Asia e si trasferisce a Hong Kong con la famiglia, lanciandosi in escursioni nella cultura e nella realtà dell'Oriente. Crea la saga di *Shogun*, che gli darà fama, ma firma anche una pregiata traduzione annotata dell'*Arte della guerra* di Sun Tzu. In questi anni prende corpo la mitologia degli Struan, che l'autore svilupperà intrecciandola agli altri suoi romanzi attraverso una fitta trama di personaggi secondari.

Il Diavolo dagli Occhi Verdi

È emblematico come, nel grande affresco di personaggi e ambienti tracciato nella sua saga, Clavell si riservi un posto in prima fila, trasfigurandosi in Aristotele Quence, pittore simpatico e crapulone che, per sfuggire a una moglie bigotta, si rifugia nelle case di piacere cinesi a dipingere scorci della colonia ma anche nudi femminili, prostitute o nobildonne inglesi in cerca di emozioni che siano. Quence è il cantore degli Struan, uno spettatore che, al pari dello scrittore, sta sullo sfondo e osserva divertito le passioni che si scatenano davanti ai suoi occhi.

La vicenda di *Taipan* ripropone la storia della colonia in un grande affresco corale, trasfigurando personaggi, cambiando leggermente i fatti per dare una propria visione di Hong Kong che, da luogo fisico, diventa territorio del mito.

William Jardine si trasforma così in Dirk Struan, il Diavolo dagli Occhi Verdi. Di lui sappiamo che è un poco di buono d'origini irlandesi. Un espatriato in cerca di fortuna, trafficante e anche pirata, cresciuto alla durissima scuola del mare. Imbarcato a bordo della nave di un altro avventuriero – Brock –, Dirk Struan ha subito il supplizio del gatto a nove code, la micidiale frusta usata nelle punizioni sulle navi britanniche e, a stento, si è salvato in seguito a un naufragio che ha quasi distrutto la fortuna di Brock.

Ma in Asia il *joss,* la buona fortuna, può tornare con un alito di vento, così come una tempesta può ridurre il castello di un uomo in polvere. Ritroviamo Brock e Struan sulla spiaggia di Hong Kong il fatidico 26 gennaio 1941, quando il tenente Glessing (che nella realtà sappiamo essersi chiamato Belcher) pianta la bandiera inglese su quella che tutti ritengono solo una roccia mal posizionata e affetta da paludi malariche. Ma Struan, nel complesso caleidoscopio di personaggi che ci vengono presentati, ha capito che Hong Kong è solo il punto di partenza per costruire la fortuna della sua *hong* commerciale, la Nobil Casa, trasfigurazione della Jardine. Clavell è volutamente ambiguo e non chiarisce se il confronto tra Struan e Brock rispecchi la rivalità tra la Jardine e la Swires oppure sia all'origine della fusione tra Jardine e Matheson. La storia procede mostrandoci la nascente colonia attraverso i suoi protagonisti. Bigotti commercianti inglesi, mercanti portoghesi, espatriati russi, dame contaminate dall'Asia e dalle sue passioni, furbi affaristi cinesi. In particolare Struan si rivela uomo di contraddizioni. La moglie inglese, dopo un anno vissuto a Macao, si è mostrata incapace di sopportare il clima asiatico ed è tornata nella nativa Aberdeen, in Scozia, con il resto della famiglia. Struan, invece, ha continuato a contrabbandare oppio (senza porsi problemi di morale, come è logico nel contesto dell'epoca) e si è ricreato una vita propria. Frutto di questa è il figliastro Gordon Chen, legato alla Triade dell'Hung Mun, la setta votata alla rivolta contro i sovrani manchu e alla restaurazione del vecchio regime cinese (il motto delle prime società segrete era appunto "Abbattere i Qing per restaurare i Ming"). Gordon è un mezzosangue abile, intelligente, ma vive, a causa delle convenzioni, all'ombra del padre e porta ancora il codino, segno della condizione servile tra i Ming. Ha, e questo si dimostrerà il particolare più importante, la stessa età di Cullum Struan, il primogenito di Dirk in arrivo dall'Europa con pessime notizie. Ma, forse ancor più rilevante per definire la personalità in altre occasioni brutale di Struan, c'è anche un nuovo amore, May-mai, la sua ultima concubina, giovane, innamorata e bellissima. È l'emblema dell'Asia stessa, che ama il protagonista e ne è riamata in un rapporto burrascoso. May-mai vuole diventare la "prima moglie" del diavolo straniero anche se sa che le convenzioni glielo impedirebbero. E questo è uno dei nodi più importanti della vicenda che, d'altro canto, si svolge su un piano avventuroso e drammatico.

Con la nave del capitano Orlov (un altro espatriato, russo questa volta) arriva Cullum Struan, giovane, idealista e totalmente estraneo alla vita in Asia. Porta drammatiche notizie: la famiglia Struan è stata sterminata dalla peste e lui è l'unico sopravvissuto. Il rapporto tra padre e figlio si profila subito difficile. Cullum aborrisce il traffico d'oppio, non concepisce che il padre possa aver avuto un figlio da un'asiatica e soprattutto considera un insulto la presenza di May-mai. Il primo atto di ribellione è un'aperta sfida alla stessa Nobil Casa: l'acquisto del lotto più prezioso della colonia in cima al Peak, sull'isola di Victoria, che Cullum vuole dedicare alla costruzione di una chiesa. Paradossalmente, però, la sua ribellione dimostra al padre che il rampollo possiede doti di intraprendenza e combattività. Inoltre la sottrazione del prezioso lotto salva la faccia sia a Struan sia al suo rivale Brock, evitando il divampare aperto di una faida.

Nel frattempo abbiamo fatto la conoscenza anche della famiglia Brock, il cui figlio Gortch assassina lo spasimante della sorella Tess, appena arrivata dall'Inghilterra. Gortch è un selvaggio, tra l'altro ossessionato da un'insana passione nei confronti della sorella ma, subdolamente, diventa amico di Cullum. La vicenda procede seguendo la crescita della colonia e i rovesci economici delle due principali *hong* commerciali. Tradimenti e insolite alleanze portano i due *taipan* a fronteggiarsi anche violentemente. Struan si trova circondato da ogni parte da nemici e gravato da un debito con Brock che va saldato entro un mese. Ovviamente non è in grado di pagarlo. Gli si profila la fine di un sogno, la perdita della *hong* per mano del suo nemico mortale. Qui entra in scena Gordon Chen, che diventerà il *compradore* ufficiale della Nobil Casa. Grazie a una serie di complicati incontri e alleanze, il giovane Chen fornisce a Struan la cifra in lek d'argento, versata dal *man da ren* di Canton in cambio di alcune concessioni. La corruzione pare costituire la base della prosperità della Nobil Casa, ma è un dettaglio che non sembra turbare l'autore: è la disincantata immagine della colonia così com'è cresciuta.

Contemporaneamente si evolve la storia d'amore tra Dirk e May-mai, occasione per rivelare un lato più umano del protagonista. Questi, pur essendo sull'orlo della bancarotta, deve "salvare la faccia", concetto importantissimo sia per i cinesi sia per i mercanti inglesi. Offre un ballo di gala in cui si profila il suo matrimonio con un'ereditiera inglese che potrebbe risollevare le finanze della *hong*. In quest'occasione May-mai (che fu interpretata nello sceneggiato del 1985 da un'esordiente Joan Chen assolutamente fantastica...) indossa abiti di gala occidentali, ma solo in privato perché il suo amante possa ammirarla. Vedendola così agghindata Struan scoppia a ridere, offendendola a morte... Sempre la "faccia"! Ma il litigio tra i due amanti prelude alla rivelazione che May-mai aspetta un figlio. Struan a questo punto segue il suo istinto: contro ogni pregiudizio terrà May-mai come "prima moglie", rinuncerà ai privilegi che potrebbero venirgli dal matrimonio con l'ereditiera e accetterà i patti con la Triade proposti dal figliastro Gordon.

Ma ci sono altre nuvole a minacciare il futuro della Nobil Casa. Compreso che Cullum sarebbe un avversario decisamente meno coriaceo del padre, Brock spinge la figlia Tess tra le braccia del rampollo del rivale. Il problema è che l'amore ricambiato tra i due giovani (una versione orientale di *Romeo e Giulietta*...) suscita l'insana gelosia di Gortch, che cerca di rovinare Cullum portandolo in un bordello di Macao con la speranza che contragga una malattia venerea. Cullum, bravo ragazzo sino in fondo, rifugge dai piaceri offerti dalle meretrici e sposa Tess in segreto. Folle di gelosia, Gortch si presenta alla villa degli Struan e, in un duello a lame snudate, si fa uccidere da Dirk. Questi nel frattempo ha pagato il debito a Brock, che adesso però non gli perdona la morte del figlio e accusa Cullum di avergli "rubato" la figlia. Ma Tess si dimostrerà, almeno in questa parte della vicenda, una fanciulla coraggiosa e sinceramente innamorata. Sapremo poi (nel seguito ideale della storia, *La Nobil Casa*, ambientato nel Novecento) che la vera mente al comando della società commerciale diventerà proprio lei, tanto da guadagnarsi il soprannome di Hag, la Megera....

Struan e Brock si sfidano a duello con i "ferri da combattimento", un tipo di sciabole uncinate in uso nella marina inglese. Il confronto si svolge mentre è in arrivo un tifone che raderà l'isola praticamente al suolo. Dalle rovine fumanti emerge Struan, che ha vinto il confronto pur senza riuscire a uccidere il nemico. Dirk corre a casa in tempo per dichiarare per la prima volta in maniera veramente appassionata il suo amore a May-mai (che precedentemente aveva perso il figlio in seguito a un attacco di malaria) e morire con lei nella catastrofe che distrugge la loro dimora.

Ma Hong Kong e la Nobil Casa sono destinati a sopravvivere e a rinascere da ogni tempesta. Toccherà a Cullum accettare le contraddizioni del padre e imporsi nella ricostruzione della colonia, questa volta con l'aiuto del fratellastro Gordon Chen. Ed è certamente da ricordare il finale, in cui tutti si rivolgono all'incredulo giovane chiamandolo *taipan*. L'eredità paterna viene trasmessa attraverso il rito di passaggio del tifone. Lo stesso uragano che nel 1843 quasi distrusse la colonia e che, come accade per Dirk Struan nella finzione, uccise William Jardine.

Clavell tornerà con altri romanzi a raccontare la saga degli Struan, in particolare *La Nobil Casa*, un librone di più di mille pagine che fotografa Hong Kong negli anni sessanta combinando gli elementi avventurosi e romantici del primo romanzo con la lotta politica, quella finanziaria e un pizzico di Guerra Fredda, trovando un equivalente risolutore del tifone in un terremoto. Lo sceneggiato con Pierce Brosnan rese con efficacia la complessità del romanzo, semplificandola senza togliere nulla alla sua magia.

La Nobil Casa torna sullo sfondo di *Tempesta*, dedicato alla caduta dello scià di Persia, e infine con l'ultimo romanzo dell'autore, *Gaijin* – che in giapponese significa "straniero" – ambientato nella seconda metà dell'Ottocento. In questo caso il ciclo della *Nobil Casa* s'intreccia con quello di *Shogun* sullo sfondo dell'epocale cambiamento che seguì all'apertura del Giappone verso l'Occidente.

Storie di uomini e donne, europei e asiatici, divisi da odio, travolti da passioni perfettamente in sintonia con il panorama che si può ammirare dalla Causeway Bay. Puntualissimo, il cannone di Mezzogiorno esplode un colpo alle dodici anche dopo il passaggio del 1997. Davanti, sfilano palazzoni festonati da scritte cinesi, grattacieli modernissimi, passano navi da carico e sampan; sulle strade le vetture dei *taipan* moderni rivaleggiano ancora esibendo targhe acquistate per centinaia di migliaia di dollari americani in cui appaiono solo i numeri fortunati (l'8 e il 6 di preferenza, mai il 4 che indica la morte) per invocare il *joss*. E, comunismo cinese o meno, sono ancora gli affari, spregiudicati, spietati e condotti a una velocità incalzante, a regolare la vita di Hong Kong. Tutto secondo un ritmo sincopato, come se il vero e unico crimine fosse non arrivare a cogliere in tempo l'opportunità giusta.

Il tuono del cannone acquista un particolare valore nelle parole dello scrittore Noël Coward, che fu amico di Ian Fleming e immortalò il Raffles Hotel di Singapore raccontando di avervi incontrato una tigre.

«A Hong Kong sparano un colpo di cannone a mezzogiorno per rimproverare chi arriva tardi.»

Capitolo 4

Un'avventura a Sheung Wan

Su per le antiche scale...

Dopo il primo tuffo nella storia della colonia e nelle sue leggende, al visitatore curioso si aprirebbero diverse strade e, dal cannone di Mezzogiorno, sarebbe facile lasciarsi tentare dal fascino di una passeggiata tra i grattacieli più avveniristici della Cina del Sud e dalle avventure che evocano. Da bravo viaggiatore indisciplinato, però, preferisco suggerire un altro itinerario che, sempre sull'isola di Victoria, ci porterà in un luogo meno moderno ma ricco di leggende. Avremo tempo per esplorare la giungla di cristallo e acciaio che domina il fulcro commerciale della città.

Di fortune commerciali e *taipan* per il momento abbiamo ricavato un'impressione sufficientemente vivida.

Armati di cartina e gambe, spostiamoci quindi di nuovo verso i moli di attracco riservati ai traghetti. È una passeggiata piacevole anche quando sgocciola. È virtualmente impossibile che in qualsiasi stagione dell'anno non vi becchiate almeno un temporale... Del resto chiedetevi come mai in tutti i film di Hong Kong c'è almeno una scena in cui piove a dirotto. Non è solo per l'effetto scenico (sicuramente cercato, considerato il principio di *exploitation* dell'industria cinematografica locale) di mostrare le attrici con i vestiti fradici incollati addosso. Qui la pioggia fa parte del panorama, tanto che se non vi capitasse di bagnarvi almeno un po' nel vostro giro a Hong Kong ci sarebbe da preoccuparsi.

In ogni caso camminare lungo Gloucester Road vi porterà verso Sheung Wan, il cosiddetto quartiere "cinese" di Victoria.

La definizione stessa ci rivela quanto elitaria fosse la concezione della colonia da parte dei britannici. Proseguendo per Des Voeux Road s'incontrano centri commerciali, McDonald's e negozi alla moda, ma non è questa la meta che m'interessa mostrarvi. Dal centro di Sheung Wan, guardando verso il Peak, s'intravede un affastellarsi di vecchie strade, case in dubbio stato di conservazione, ripide scalinate. È in quella direzione che intendo procedere. Accantoniamo la comoda soluzione della scala mobile che, adeguatamente coperta, consente di salire fermandosi a ogni piano nei centri commerciali. Seguitemi piuttosto lungo ripidissime scalinate fiancheggiate da edifici fatiscenti con impalcature in bambù, com'è uso locale anche nella costruzione dei moderni grattacieli. Stiamo penetrando in un altro territorio mitico di Hong Kong, lo stesso che percorreva Corto Maltese, il romantico avventuriero scaturito dall'immaginazione di Hugo Pratt, autore italiano d'origine ma internazionale nell'ispirazione, che seppe evocare una delle saghe più celebri del fumetto.

Hugo Pratt si rivelò, poco prima della morte, anche un abile scrittore. Ci rimangono due trasposizioni letterarie delle sue storie più famose, entrambe pubblicate da Einaudi. *Una ballata del mare salato* ci introduce al personaggio di Corto Maltese, metà inglese metà gitano, emblema, con i lunghi basettoni, il berretto da marinaio e il sigarino tra le labbra strette, di quell'avventura romantica d'inizio secolo rimasta nell'immaginario comune. Il secondo romanzo, completato poco prima della morte avvenuta nel 1995, è forse una delle storie che preferisco di Corto Maltese e non solo, perché si svolge in Asia. *Corte sconta detta Arcana* nell'edizione romanzata è, se vogliamo, ancora più ricca di quanto non lo sia stata a fumetti o persino nel magnifico film d'animazione realizzato da Pascal Morelli in Francia qualche anno fa. È un'avventura ambientata nel 1919 in cui s'intrecciano cacce al tesoro nella Siberia dei signori della guerra russi e mongoli, le Triadi cinesi, una duchessa e alcuni personaggi storici quali Unger Khan con il suo sogno di ricostruire l'impero dei tartari e cacciare i bolscevichi. La parte che ci interessa è tutta raccolta nel primo capitolo del romanzo e si svolge proprio qui, sotto la pioggia guarda caso.

Corto, arrivato chissà come a Hong Kong – un altro espatriato senza speranza – sale un'erta scalinata per recarsi in un localaccio per un misterioso appuntamento. Superato un cerbero all'ingresso, entra in un universo ammaliante, accolto da un alone di fumo dal sapore dolciastro e da un sommesso brusio di risate miste a schiamazzi stupefatti. Il locale gli si presenta ampio, suddiviso da paraventi in salette di più ristrette dimensioni in cui si svolgono numeri di spettacoli bizzarri ed esotici. Corto percorre la sala con lo sguardo e coglie immagini di quell'Asia variegata che rappresenta il vero palcoscenico umano della sua vicenda. Un incantatore di serpenti indiano si esibisce accanto a un prestigiatore russo, mentre danzatrici cinesi ballano al suono di lunghi nastri di seta legati al polso; poco distante alcuni saltimbanchi mongoli sembrano volare in incredibili acrobazie. È l'Oriente misterioso, l'Avventura sognata sui libri, da Pratt quanto da me. Non so se nel 1919 l'ambiente fosse davvero così, ma è bello crederlo e, certamente, anche verosimile.

Hong Kong come ultima frontiera, un avamposto nel quale, dietro a ogni porta di questo quartiere, ancora oggi potrebbe nascondersi una realtà simile. Di certo per quel sentiero ripido e profumato di cibi cotti e consumati all'aperto si arriva a Ladder Street, nota anche come Cat Street, che viene eufemisticamente definita la via degli Antiquari. Ve ne sono certi, titolati e carissimi, che vendono paraventi e quadri di nudi che potrebbero essere opera di quell'Aristotele Quence che Clavell ha così abilmente descritto in *Taipan*. Questa stradina lastricata in cui si circola solo a piedi è nota, tuttavia, anche con un altro nome: il Mercato dei Ladri. In effetti sembra vera la diceria che qualsiasi cosa rubata al ricco turista (dai gioielli alla videocamera) possa venir recuperata qui per un prezzo equo, se si ha la pazienza di frugare tra le bancarelle dei negozietti meno sontuosi. Tra una cancellata che s'affaccia su un cortiletto angusto e un'altra scala troviamo merci esposte su banchetti senza un criterio preciso, proprio come farebbe un ricettatore senza grande esperienza o un mercante che, con singolare saggezza, sa attribuire il giusto valore alle cose ponendole tutte sullo stesso piano. Assieme alle statuine in resina di Bruce Lee, alle riproduzioni dei maghi della montagna di Sung, troviamo vecchi berretti dell'amministrazione inglese, copie del Libretto Rosso (è veramente minuscolo...), ormai diventato una curiosità per turisti, e persino una "figlia del dottore". Si tratta di una statuina in avorio raffigurante un corpo femminile discintamente disteso su un cuscino. Nei tempi antichi serviva ai medici per visitare le pazienti senza doverle imbarazzare chiedendo loro di spogliarsi: la pudica signorina indicava sulla statuina il punto dove avvertiva dolore e il medico le ordinava una cura a base di balsami ed erbe. C'è comunque qualcosa di stravagante, di peccaminoso in questo rapporto a distanza, e basta sfiorare con il polpastrello il ventre d'avorio della "figlia del dottore" per comprendere. Gérard de Villiers, già citato autore di SAS, agente blasonato emulo di James Bond, partiva proprio da un gioco erotico con una di queste statuette per trascinare il suo protagonista – la spia dagli occhi color oro! – in una torrida scena di sesso in *Le tre vedove di Hong Kong*.

Un tempio unico al mondo

Passo dopo passo ci inoltriamo in una Hong Kong canagliesca in direzione di una delle tappe obbligate della nostra ricerca. Ancora una rampa di scale e arriviamo alla tortuosa e, apparentemente, spoglia Hollywood Road, che ospita al numero 10 la centrale di Polizia di Victoria. Si tratta di un edificio a cinque piani di colore blu e bianco costruito proprio nel 1919, quando Corto Maltese s'avventurava nel quartiere, e immortalato innumerevoli volte in uno dei filoni che tra la metà degli anni ottanta e oggi ha contribuito a rilanciare nel mondo l'immagine del cinema locale. Si tratta di quei film definiti *gunplay*, gioco di pistole. Forse nella classificazione c'è troppa enfasi sulla violenza e sarebbe meglio parlare di noir orientali. Sono storie di gangster e poliziotti che hanno fotografato un aspetto della città ispirandosi non solo all'immaginario diffuso ma anche alla vita di tutti i giorni. Quanto poliziotti e gangster siano vicini ce lo mostra un piccolo ma suggestivo tempio che sono andato a cercare dopo tanto averne sentito parlare per ambientarvi alcune scene di un mio romanzo, *Vivere nel Buio*.

Non è facile scovarlo, inserito com'è tra una scuola elementare e alcune case popolari sinceramente brutte, ma la sua magia sta proprio in questo anticlimax, nel rifiuto di ogni spettacolarità da film in technicolor. Eppure il tempio di Man Mo ha una storia affascinante. Prima di tutto non si sa bene quando fu costruito, ma alcune voci sostengono che esistesse già prima dell'arrivo degli inglesi, eretto insieme al santuario più piccolo annesso, dedicato agli Otto Immortali che, da saggi guerrieri quali sono, ormai vivono tra i monti della mitologia. Si tratta di un edificio piccolo, polveroso, dominato dai fumi delle spirali d'incenso che calano una nebbia profumata su una sala in cui la luce è fioca e le statue paiono emergere dalle ombre della leggenda. Man è la divinità dei dotti, rappresenta la civiltà, lo spirito liberale dei cinesi. Al suo fianco c'è Kwang Ti o Mo, il mitico re guerriero, campione di arti marziali, il cui culto è in qualche modo legato all'imperatore Huangdi che unificò i Sette Regni nel 200 a.C. e si fece seppellire con un esercito di guerrieri di terracotta a Xi'an. Ma la caratteristica peculiare di questa divinità che incarna la forza marziale è che tra i suoi veneratori ci sono sia i gangster sia i poliziotti. Chi conduce una vita pericolosa, in cui la violenza è un'abitudine, viene qui a chiedere responsi agli indovini o semplicemente a invocare il *joss* con tre bastoncini d'incenso. Se guardate bene, in tutti i film di gangster di Hong Kong si vedono altarini dedicati a Kwang Ti sia nei commissariati di polizia sia nelle case dei malavitosi. Come a dire che guardie e ladri sono uniti da un legame mistico che John Woo, ma non solo lui, ha saputo così ben sintetizzare in *The Killer*, uno dei film manifesto del filone *gunplay* in tutto il mondo.

Un mondo segreto e pericoloso

È venuto quindi il momento di addentrarci un po' più profondamente nel mondo delle Triadi, le società segrete cinesi, nate come gruppi politici di resistenza dei Ming contro stranieri e invasori manchu, ma trasformatisi in seguito in cosche criminali così diffuse e ramificate da poter rivaleggiare con la mafia siciliana.

Le Triadi – la prima delle quali fu l'Hung Mun – si sono ammantate di un alone mitico, mescolando la realtà con la finzione in modo quasi indissolubile e, in maniere differenti, hanno popolato il mio immaginario nel corso di moltissimi anni. Devo ammettere che sino a poco tempo fa non avevo mai avuto alcun contatto diretto con membri delle Triadi, ma durante i miei viaggi e nei periodi di ricerca mi sono impegnato a leggere e a vedere tutto ciò che era possibile sulla malavita cinese. L'avventura esotica è stata per me sinonimo di Hong Kong, di società segrete, di giunche con le vele ad ala di pipistrello, di kung fu e sparatorie. Parte di tutto questo bagaglio di informazioni l'ho inserito in romanzi come *Lacrime di Drago*, *Pista Cieca* e *L'ombra del Corvo*; a volte è emerso in alcuni episodi del Professionista e in altri racconti.

Al di fuori dell'esperienza diretta di cui avremo modo di parlare diffusamente, ho ricercato testi alla fonte, ossia nell'editoria di Hong Kong in lingua inglese: tra tutti i volumi consultati mi sentirei di suggerire quelli di Martin Booth (*The Dragon Syndicate* e *The Triads*) e di Gerald Posner (*Warlords of Crime*). Anche la conoscenza approfondita del cinema di Hong Kong dalla fine degli anni ottanta a oggi mi è stata utile per cogliere mille particolari che, al di fuori di vicende a volte sin troppo romanzate, mi hanno permesso di comprendere dettagli e aspetti inediti. Il viaggio alla scoperta del mondo segreto e violento delle Triadi sarà articolato e, come al solito, non lineare.

Patrioti o banditi?

Prima di tutto sfatiamo un vecchio mito. Anche al di fuori di Hong Kong le società segrete sono sempre esistite nella storia del Regno di Mezzo. Se ne parla persino ai tempi dell'imperatore Huangdi, ossia quasi duecentocinquant'anni prima di Cristo, e la storia ci presenta un gran numero di rivolte ed episodi sediziosi legati alle Triadi nei secoli passati, sia nella Cina continentale sia in ogni altro luogo in cui i cinesi si siano stabiliti. Mickey Rourke, protagonista dell'*Anno del Dragone* di Michael Cimino, diceva a uno scettico collega newyorkese: «La mafia non l'hanno inventata i siciliani, sono stati i cinesi». Probabilmente è vero, anche se le associazioni segrete cinesi in origine non avevano finalità espressamente criminali ma patriottiche. È un atteggiamento tipicamente orientale quello di reagire ai soprusi delle autorità riunendosi in associazioni clandestine. Pur vero è che anche la mafia nacque con aspirazioni patriottiche, se si accetta la tesi secondo cui, volendo escludere alcune etimologie di ispirazione araba, MAFIA significava "Morte Alla Francia Italia Anela".

Tornando in Oriente, l'Hung Mun, la Triade originaria, era rappresentata da un triangolo isoscele i cui lati richiamavano i concetti di Uomo, Cielo e Terra, tripartizione comunissima secondo le filosofie e le usanze orientali, tanto che nelle isole Ryukyu, a metà strada tra Cina e Giappone, s'insegnava l'uso del *bo* – il bastone lungo – suddividendone la presa in tre: *ten, gi* e *chi,* terra, uomo e cielo appunto.

In tutta la mitologia e il simbolismo delle Triadi – anche se oggi i rituali si sono abbreviati e gran parte delle storie dei vecchi tempi sono ignorate dai semplici affiliati – il numero 3 riveste un'importanza capitale. I nomi dei capi non sono mai espressi se non con colorite metafore o numeri multipli di tre. Un boss è un Testa di Drago o un Capo della Collina, ma anche un 489; un Palo Rosso, un luogotenente incaricato di tenere la disciplina e organizzare atti di violenza, è indicato come un 426. Allo stesso modo un Uomo-scure o, meglio, un Cavallo, cioè un picchiatore, si presenterà in un bar a chiedere il pizzo (la "busta rossa per il tè", come viene chiamato con un eufemismo) posando sul tavolo la mano con il pollice, l'indice e il mignolo tesi e il medio e l'anulare ripiegati. E 36 sono i giuramenti necessari per essere accettati nella società, proprio come 36 erano le famose camere di Shaolin.

Fu infatti dal tempio di Shaolin, forse non quello originale ma uno dei tanti monasteri dove si insegnavano il buddismo c'han e le arti marziali insieme ai principi di lealtà patriottica alla stirpe Han, che partì sul finire del Seicento una sanguinosa ribellione contro la dinastia Qing, i manchu venuti dal Nord. Non era la prima rivolta, ma fu precisamente da quell'episodio, generato dalla sedizione promossa da centoventotto monaci guerrieri, che nacque il famoso detto "Abbattere i Qing per restaurare i Ming", diventato poi lo slogan delle Triadi sino alla rivoluzione del 1911. Ovviamente gli eserciti manchu erano più numerosi e meglio armati dei monaci e dei loro adepti, e il monastero (che alcune leggende vogliono situato a Foochow, o Fukien, non quindi nella più settentrionale provincia di Henan dove oggi è ospitato il tempio ufficialmente aperto al pubblico) fu raso al suolo. Si salvarono solo cinque monaci e una suora (la mitica Wing Tsun), che si divisero viaggiando per il Regno di Mezzo grazie alle Giunche Rosse degli artisti dell'Opera cinese per diffondere il kung fu ma anche l'ideale della rivoluzione. Che sia vero o meno, seguì una massiccia divulgazione degli stili di combattimento Shaolin e dei gruppi segreti votati alla rivolta contro la dinastia mancese.

La dinastia Qing (1664-1911) fu promotrice di molti cambiamenti nel Regno di Mezzo, alcuni dei quali videro indirettamente coinvolte le Triadi, e non sempre contro il governo centrale. Fu il caso della rivolta dei Taiping, una setta guerriera di ispirazione cristiana, che causò agli inizi dell'Ottocento forse l'ondata di xenofobia più sanguinosa della storia cinese e sancì la chiusura politica e commerciale della Cina verso il resto dell'Occidente. Chiusura relativamente breve, in quanto i fatti già narrati della guerra dell'Oppio non solo diedero origine a Hong Kong come centro commerciale alla foce del Fiume delle Perle – e quindi porta verso tutta la Cina del Sud – ma anche ai vari quartieri delle legazioni nelle cinque città aperte al commercio internazionale, sanciti da una serie di trattati stipulati negli anni successivi al primo conflitto. A quel tempo le Triadi di Foochow erano già saldamente inserite nel sostrato sociale di Hong Kong, ma avevano iniziato a comprendere che per sostenere la lotta politica erano necessari fondi ingenti. E quale migliore fonte di approvvigionamento dell'intermediazione nel traffico dell'oppio?

Da qui cominciano le vessazioni ai locali, il controllo della prostituzione, il gioco d'azzardo e ogni altra attività illecita e remunerativa. Le Triadi come il Son Yee Oh e il Loto Bianco cominciano una trasformazione che le porterà a diventare da associazioni patriottiche a vere e proprie organizzazioni criminali.

Nel frattempo gli anni cinquanta-sessanta dell'Ottocento vedono una grande migrazione verso il paese della Montagna d'Oro, la California. Qui si stabiliscono comunità cinesi presto impiegate e sfruttate nella costruzione delle ferrovie. Sulle prime il permesso è accordato solo ai lavoratori maschi, i *coolies*, impiegati per scavare gallerie con la dinamite nelle Montagne Rocciose, poi nasce un'infame tratta delle donne, attirate con contratti capestro che le rendono schiave di bordelli e fumerie in tutta la California. Nasce la Costa dei Barbari con le sue Chinatown chiuse e pericolose, le fumerie dove si "caccia il drago", diffuse sino a Tombstone nel territorio dell'Arizona. E, naturalmente, i cinesi decidono di riunirsi per difendersi dai diavoli stranieri.

Ispirandosi alle Triadi originarie creano dei gruppi chiamati *tong*, termine che può significare sia "tenaglia" sia "municipio". Si tratta di organizzazioni criminali lecitamente riconosciute dalle autorità dei bianchi, i quali trovano comodissimo che ci siano dei cinesi a occuparsi degli affari sporchi come la tratta degli schiavi – perché tali erano i poveretti costretti a ripagare con una vita di lavoro il passaggio da una parte all'altra dell'oceano – e l'amministrazione della giustizia nei ghetti.

La Cina moderna e i suoi gangster

La tradizionale rivalità tra Triadi e manchu sembra persino affievolirsi quando, ai primi del Novecento, l'imperatrice vedova Ci Xi organizza con l'aiuto del generale Tung, Capo della Collina dei Boxer – la società dei Giovani Pugni Armoniosi –, la rivolta contro gli stranieri. Fanatici praticanti di kung fu, animati egualmente da spirito di rivalsa, patriottismo e desiderio di mettere le mani sulle finanze di uno stato ormai giunto a limiti insopportabili di corruzione, i Boxer assediarono Beijing in seguito a numerose violente sommosse.

Furono cinquantacinque giorni di battaglia, chiusi dalle cannonate delle alleanze occidentali, tra cui l'Italia, l'America, ma soprattutto il Giappone. I nipponici avevano ben altre mire: con la caduta dell'impero cinese nel 1912 e la nascita di una repubblica presto divisa tra i signori della guerra, si preparavano a sferrare un micidiale assalto all'Asia dalla Manciuria. Ci sarebbero voluti anni, naturalmente, e in quel lasso di tempo il presidente cinese Sun Yatsen fu costretto a venire a patti con un giovane e abile signore della guerra del Nord, il generale Chiang Kai-shek, che gli sarebbe succeduto creando insieme a lui il Kuomintang, il Partito Nazionalista (conosciuto anche con l'acronimo KMT), negli anni successivi divenuto ferocemente avverso a comunisti e giapponesi.

Chiang vantava amicizie influenti all'interno della Banda Verde, in particolare con Tu Yue Zhang, che a Shanghai controllava case da gioco, bordelli di lusso, traffico d'oppio e pedofilia. Tu "Grosse Orecchie" era un duro. In passato aveva sbaragliato la Banda Blu valendosi dell'appoggio di Charlie Soong, Capo della Collina della Banda Rossa. Grazie ai soldi di Charlie Soong, Tu finanziò il Kuomintang aiutando Chiang Kai-shek a insediarsi al Nord e a decimare con brutalità i comunisti di Mao che si erano arroccati nel sobborgo di Pudong, presso il mercato della frutta, finanziati dal Komintern russo. In cambio, però, chiese di diventare padrone assoluto di Shanghai. Il Bund, in particolare la legazione francese, divenne il suo territorio inviolabile. Charlie Soong fu eliminato e, grazie a una dilagante corruzione tra le forze di polizia, la famiglia Zhang acquisì il monopolio del traffico dell'oppio che entrava in Cina, stabilendo anche stretti legami con le famiglie mafiose di New York e San Francisco che, autorizzate dai servizi segreti americani, fornivano materiale bellico e attrezzature meccaniche al Kuomintang.

Tempi folli, tempi di violenza raccontati in alcuni dei film più suggestivi dell'epoca d'oro del cinema di Hong Kong, quasi sessant'anni dopo: *Shanghai Grand* di Poon Man Kit, interpretato dal divo Andy Lau che qui rivela un'incredibile rassomiglianza con Clark Gable, e *Gunmen* di Kirk Wong, forse il regista che più di tutti ha saputo raccontare la storia vera delle Triadi a Shanghai e a Hong Kong senza cadere nella spettacolarità fine a se stessa. Entrambi prodotti da Tsui Hark, sono tra i migliori film sull'epopea delle Triadi negli anni trenta a Shanghai.

Le Triadi a Hong Kong

Nel 1945 le Triadi tenevano già saldamente in pugno la colonia inglese malgrado i quattro anni di occupazione giapponese. Quando i britannici tornarono il mondo era cambiato. Il nazifascismo a Oriente e a Occidente era stato sconfitto e si profilava un nuovo avversario contro il quale i servizi segreti europei e americani ritennero di dover far fronte comune anche venendo a patti con gli antichi avversari. Stalin aveva vigorosamente in pugno l'Unione Sovietica, dalla quale stava lanciando un attacco globale per diffondere il comunismo, e Mao Zedong stava combattendo un'ultima definitiva battaglia contro Chiang Kai-shek e i nazionalisti cinesi che, malgrado gli appoggi finanziari della Banda Verde, ormai avevano perso l'iniziativa.

Nel 1949 il governo inglese, arroccato nella colonia strappata quasi cento anni prima durante la guerra dell'Oppio, decise per una politica di "libero ingresso". Tale iniziativa si protrasse per pochi anni, ma ebbe, sotto il profilo della criminalità, risultati disastrosi. Dal Fiume delle Perle che attraversava Canton arrivarono a decine di migliaia: profughi cinesi che ritenevano la vittoria del comunismo una minaccia per le loro esistenze e i loro averi. Hong Kong diventava un approdo da cui ricominciare una nuova vita. Alcuni – la maggior parte in verità – giungevano in condizioni miserande su barconi debordanti o a nuoto inseguiti dagli squali e dalle pattuglie della polizia cinese, altri approdavano invece come privilegiati, con le loro ricchezze e i loro guardiaspalle. Erano i capi delle vecchie Triadi di Shanghai e del resto della Cina. Partendo da Hong Kong speravano di costruire un impero. Sarebbe stata una battaglia durissima perché le gang del territorio non erano disposte a cedere troppo facilmente il terreno. In più c'era una grossa differenza culturale tra i nuovi arrivati e i meridionali cantonesi. I gangster della vecchia tradizione cantonese erano principalmente divisi tra le organizzazioni Wo, Son Yee Ho e gli hakka, che erano da sempre un popolo di navigatori e pirati. Tutti questi gruppi discendevano dall'Hung Mun, ma si trovavano di fronte a un doppio fenomeno d'invasione con cui fare i conti.

Innanzitutto c'erano altri cinesi meridionali, che furono i primi ad arrivare a Hong Kong e, per lingua e tradizione, i primi a integrarsi. Erano i chiu chaw, un gruppo etnico appartenente alla provincia meridionale di Swatow, la cui criminalità era già impiantata a Canton e faceva affari soprattutto con gli hakka e gli "zingari del mare", gli hoklo, un gruppo sociale che viveva sulle imbarcazioni nei rifugi per il tifone, come quello del villaggio galleggiante di Aberdeen, e che costituiva la spina dorsale del commercio marittimo delle Triadi e del contrabbando con il resto dell'Asia. Naturalmente questi gangster "meridionali" avevano già una loro organizzazione, che in quegli anni si consolidò prendendo il nome di 14K, appellativo derivato da una commistione tra segni cabalistici del Tao e il simbolo dell'oro. Il fondatore di questa Triade si chiamava Kot Siu-wong e trovò presto un accordo con i Capi della Collina delle organizzazioni preesistenti, stabilendo un patto di non aggressione in quella che si prospettava come una sanguinosissima guerra tra i "meridionali" e i gangster provenienti da Shanghai e dal Nord. In particolare le vecchie Triadi temevano due organizzazioni. Il Grande Cerchio, la Triade più diffusa nel Nord della Cina sino a Beijing, e la Banda Verde di Tu Zhang, che dopo aver rotto i rapporti con Chiang Kai-shek sperava di mettere mano sui ricchi territori della colonia e replicare le fortune criminali di Shanghai. Questa massa di persone arrivava con un seguito di disperati che si stipava in quartieri ghetto come Mong Kok, all'epoca solo parzialmente canalizzato e luogo di prostituzione, con bordelli e sampan galleggianti adibiti al meretricio. Il dato più rilevante era che tale congrega di individui dediti ad attività illegali non parlava e non capiva le tradizioni e la lingua dei gangster locali. Spaventati dalla polizia quanto dai criminali, questi profughi erano facile preda di tutte le gang. Stava per scoppiare una guerra sanguinosa tra le Triadi.

Tradizioni di sangue

Le vecchie gang conservavano gelosamente i loro rituali di affiliazione – che a volte duravano settimane – ed enfatizzavano le punizioni in caso di tradimento. Al vertice dell'organizzazione c'erano i Capi della Collina, assistiti dai Ventagli di Carta che erano l'equivalente locale dei *consigliori* della mafia siciliana; poi c'era il Maestro degli Incensi al quale era demandato il compito di presiedere le cerimonie rituali per l'ammissione dei nuovi adepti. Tutta questa ritualità, oggi disprezzata dalla maggior parte delle nuove bande, era rifiutata anche dalle Triadi del Nord. Nella lotta che si scatenò all'inizio degli anni cinquanta la polizia credette di fare una mossa astuta alleandosi con le Triadi locali. In poco tempo la Triade del Grande Cerchio fu sgominata e, con la morte di Tu Zhang "Grosse Orecchie" nel 1951, anche la Banda Verde cessava praticamente di esistere.

A Taiwan intanto il generalissimo Chiang aveva aperto le porte a tutti i gangster che manifestassero l'intenzione di sostenerlo nella sua lotta contro il comunismo. Taiwan divenne così il rifugio per gli sconfitti nella guerra tra bande di Hong Kong, ma anche un comodo approdo e punto di partenza per quelle stesse Triadi meridionali disposte a combattere Mao purché ne venisse loro in tasca un guadagno concreto.

Ed era stato proprio Tu "Grosse Orecchie" con la sua Banda Verde a introdurre a Hong Kong un elemento nuovo, sino a quel momento secondario nel giro d'affari della malavita basato principalmente sul controllo del gioco d'azzardo e della prostituzione. Prima del 1949 esistevano certamente fumerie d'oppio a Hong Kong, ma il massiccio uso di eroina, molto più potente e capace di soggiogare migliaia di persone in pochi mesi, cominciò con gli anni cinquanta. Il vizio si estese dapprima ai quartieri più poveri, ma presto dilagò in quella zona che, da più di un secolo, la malavita considerava "propria": la Città Murata, conosciuta anche come la Cittadella di Kowloon.

Qui dobbiamo fare un ideale salto oltre lo stretto e tornare sino al limitare di Mong Kok, in un quartiere che, nella confusione generata dagli accordi per l'affitto dei Nuovi Territori e la cessione di Kowloon, venne tralasciato sia dalle autorità cinesi sia da quelle britanniche. La Cittadella di Kowloon è stata, sino a poco tempo fa, una terra di nessuno, dove il crimine e la miseria si sono sviluppati di pari passo. Dal 1993 la Città Murata, crogiolo di ogni vizio e perversione per più di cento anni, è stata abbattuta e sostituita da un parco, ma nelle stradine circostanti si respira ancora un'atmosfera pericolosa e girarci di notte non è sicuramente una buona idea.

Sul filo della memoria narrativa ho trovato descrizioni diverse di questa enclave senza legge, entrambe tratte da romanzi di spionaggio. La prima è contenuta in *Ombre cinesi per OSS117* (*Chinoiseries pour OSS117*), romanzo del 1966 in cui l'agente Hubert Bonisseur de la Bath, nato dalla penna di Jean Bruce, si trova a Hong Kong per indagare sulla scomparsa di un collega della CIA e su un traffico d'armi tra Cina e Vietnam. Jean Bruce cominciò a scrivere avventure di spionaggio prima di Ian Fleming e aveva l'abitudine di documentarsi "sul campo". Per me è sempre stato un mito e, dalle descrizioni di Macao contenute in questo stesso romanzo, non ho dubbi che per trascrivere il quadro della Cittadella di Kowloon con i suoi vicoletti pieni di fango, le fumerie, i banchi dove si cucinano carne di cane e di serpente, i bordelli affastellati uno dietro l'altro in squallide baracche, un'occhiata alla Città Murata l'avesse data realmente. Questa torna, nella sua nuova veste, proprio in un romanzo di 007, non di Fleming ma del suo prosecutore, Raymond Benson. *Conto alla rovescia*, come il mio *Morire a Kowloon*, uscì in concomitanza con il ritorno della colonia alla Madrepatria, ma riecheggia ancora le atmosfere più caratteristiche della vecchia Hong Kong. E James Bond ammette che il parco della Cittadella mantiene oggi un'aria sinistra, ricordo dei tempi della Città Murata e delle vicende violente che si svolgevano entro i suoi confini.

Geografia del crimine

Durante l'epoca d'oro delle Triadi la Cittadella era lo scenario ideale per la proliferazione del crimine, divisa com'era in un labirinto di vicoli avvolti nelle tenebre, dai nomi molto espliciti.

La strada del Piscio di Ratto, il vicolo del Vomito sono solo due esempi. Qui l'eroina si diffuse a macchia d'olio creando una popolazione di disperati disposti a tutto pur di procurarsi i soldi per la dose quotidiana di droga, che raggiunse una diffusione impressionante in un numero di anni straordinariamente breve. Il vizio dilagò anche nei quartieri popolari e con esso crebbe l'influenza della malavita sulla popolazione. Sino a pochissimi anni fa il reclutamento avveniva sin dalle scuole primarie. Non far parte di una banda, non avere un *tai lo*, un "fratello maggiore", o uno "zio" – *kor* in cantonese – che appartenesse a una Triade, o quantomeno a un sottogruppo legato a una grande organizzazione, significava pestaggi ed emarginazione.

Tutto questo proliferare di criminalità trovava nutrimento all'estero, in Indocina, nello Yunnan da cui erano fuggiti gli ultimi resti dell'armata di Chiang, il Kuomintang del generale Li Wen Wan. Questi ormai, pur intrattenendo rapporti con Taiwan, era diventato un signore della guerra mercenario, dedito esclusivamente ad attività criminali. Il suo esercito si era insediato tra la Birmania inglese e il Laos francese, che dovevano fronteggiare i movimenti irredentisti di ispirazione comunista. Malgrado la CIA e i servizi segreti europei abbiano diffuso la menzogna che dallo Yunnan Mao esportasse eroina verso l'Occidente, è vero esattamente il contrario.

Il chimico monco che Tu "Grosse Orecchie" si era portato dietro a Hong Kong l'aveva scampata chiedendo aiuto al 14K che, rimasto neutrale durante la guerra tra Triadi meridionali e settentrionali, aveva aumentato la propria potenza, stretto legami e preparato il terreno per diventare il gruppo criminale più importante della colonia. Ancora oggi, se pure l'organizzazione Wo e il Son Yee Oh continuano a esistere, i chiu chaw del 14K sono il nucleo predominante della malavita di Hong Kong. Questo perché, malgrado guerre intestine e falliti tentativi di impadronirsi di tutto il territorio criminale di Hong Kong, sono riusciti a stringere una rete di legami che si dirama in tutta l'Asia.

I chimici furono forniti al generale Li dai francesi tramite i corsi, che da Saigon avevano stretto contatto con i criminali cinesi del quartiere di Cholon. Di fatto l'Operazione X, concepita dallo SDECE francese, aveva per scopo una controguerriglia scatenata contro i vietminh di Ho Chi Min tra il Nord dell'Indocina e il Laos, condotta congiuntamente dal Kuomintang e dai mercenari delle tribù montane. Per pagare questo esercito già ferocemente anticomunista i francesi permisero che la Piana delle Giare, in Laos, diventasse un centro di raccolta del papavero da oppio coltivato dalle tribù montagnards. Da questa enclave gli intermediari hawas partivano per Saigon e quindi per Bangkok e Hong Kong, dove la merce veniva raffinata nei laboratori corsi e spedita per via aerea in direzione di Marsiglia, tramite una compagnia denominata in codice Air Opium, e via mare verso il resto dell'Asia e gli Stati Uniti, grazie alle flotte controllate dagli hoklo.

Tutto ciò era frutto delle complesse alleanze stabilite dal 14K, e l'organizzazione del traffico – sebbene in parte delegata a corsi e thailandesi – era saldamente nelle mani della malavita cinese. Il 14K dirigeva le operazioni da Hong Kong, assicurandosi in Indocina il contatto con il generale Li attraverso la Triade dello United Bamboo Syndicate – organizzata a Taiwan e della quale faceva parte anche il capo del KMT – ma trasportando la merce verso le città attraverso intermediari hakka, originari di Hong Kong.

A Saigon e a Bangkok con il beneplacito dei servizi segreti francesi e dei mafiosi corsi e siciliani l'eroina numero 4, la China White detta anche Perla di Drago – o, come la denominai nel mio romanzo omonimo su quest'epopea, Lacrime di Drago – viaggiava grazie agli hoklo e alla loro flotta di giunche e navi da carico. Tali attività di smercio e trasferimento erano organizzate nella capitale thailandese, in particolare nel quartiere di Yaowarat, da gangster cinesi che controllavano la manovalanza dei malavitosi locali – denominati *suaa*, ossia le Tigri – strettamente legati a polizia ed esercito corrotti.

Apocalypse Now

La fine della dominazione francese in Indocina non cambiò per nulla questo giro di affari. Ai francesi si sostituirono gli americani, che dovevano trovare fonti di finanziamento alternativo e segreto alla loro lotta contro il Vietnam del Nord. Li aiutava in questo compito madame Nhu, la futura moglie del presidente Thieu, fantoccio della CIA in tutta la prima fase della guerra in Vietnam.

Si inserirono però nuovi giocatori, dislocati più a Occidente: i birmani e le tribù delle colline, e in particolare un signore della guerra che, fino alla metà degli anni novanta, sarebbe rimasto una leggenda nel traffico di droga, avrebbe sbaragliato Li e i suoi discendenti diventando l'indiscusso signore della droga del Triangolo d'Oro: il generale Khun Sa. Questi, cinese d'origine ma birmano d'adozione, avrebbe mantenuto buoni rapporti sia con gli occidentali sia con le Triadi, che restavano comunque un irrinunciabile snodo per lo smercio dell'eroina nel resto del mondo.

A metà degli anni cinquanta, però, il 14K peccò di presunzione credendo di poter ottenere un controllo totale e assoluto non solo sulle altre Triadi ma su tutta la colonia, governo britannico compreso. Un obiettivo troppo ambizioso anche per i criminali più ricchi e potenti del mondo. Le strade di Hong Kong sarebbero tornate a insanguinarsi, e questa volta con tale brutalità da spingere gli inglesi a una reazione così severa da ridimensionare per sempre i progetti dei Capi della Collina del 14K.

Guerra nelle strade

Nel 1956 ricorreva il quarantesimo anniversario della rivoluzione nazionalista di Chiang Kai-shek. Le autorità britanniche a Hong Kong non erano certo entusiaste, considerata l'ostilità del loro potentissimo vicino, dello svolgimento di manifestazioni di giubilo per le strade della colonia.

Era però incombente sulla città un altro fattore destabilizzante, che avrebbe dato fuoco alle polveri. La Triade del 14K e i suoi alleati chiu chaw avevano stretto rapporti sempre più solidi con il governo di Taipei, che vedeva nel loro appoggio la possibilità di creare un caposaldo nella Madrepatria una volta scaduto il contratto dei novantanove anni che avrebbe restituito la colonia a Beijing. I Capi della Collina del 14K stavano organizzando un grosso summit tra le varie bande e i rappresentanti del servizio segreto di Taiwan proprio in quell'occasione, e avevano bisogno di dare una dimostrazione di forza. Oltre a ciò pensavano di poter acquisire il predominio sulla malavita locale imponendo la loro leadership. A quel punto, quando la polizia inglese scacciò dalle strade i manifestanti che inneggiavano al generalissimo Chiang, il 14K si fece interprete dello sdegno popolare e fomentò una rivolta. Per le strade scoppiò una vera e propria rivoluzione che costrinse i britannici a reagire con decisione, anche per mostrare ai vicini comunisti che, sul loro territorio, erano ancora i padroni. La sommossa fu ancora più sanguinosa dei moti che, quasi dieci anni dopo, i comunisti stessi scatenarono a Hong Kong contro la guerra nel Vietnam. Per il 14K fu una sconfitta campale e, soprattutto, l'addio al sogno di riunire tutte le Triadi in un'unica organizzazione criminale. Molti Capi della Collina furono costretti a fuggire a Taiwan, paese dove non esisteva un trattato di estradizione e i boss delle Triadi erano virtualmente intoccabili. Da quel momento Taiwan divenne un paese dove, grazie a connivenze e corruzioni, la malavita poteva gestire i propri affari praticamente indisturbata.

Fu costituita una nuova Triade, lo United Bamboo Syndicate, i cui scopi principali erano dar rifugio ai gangster che si schieravano dalla parte dei nazionalisti e favorire la loro penetrazione economica e criminale in Occidente. A Hong Kong il 14K era ancora forte, anche se non era l'unico a gestire il potere e, soprattutto, dalla Thailandia il commercio dell'eroina si stava rapidamente espandendo con un giro di affari legato all'inasprirsi del conflitto di liberazione. Agli inizi degli anni cinquanta era intervenuto un fatto importante nella lotta al traffico di stupefacenti. La Turchia, sino ad allora il maggior fornitore di oppio grezzo, morfina ed eroina nella rotta denominata French Connection, che passava per Marsiglia e poi s'instradava verso gli USA, aveva deciso di bloccare la coltivazione e le esportazioni di concerto con le autorità americane. Un brutto colpo per la mafia siciliana e italoamericana. Ma in Indocina, con la fine del dominio francese, la famosa Operazione X, che armava le truppe del generale Li del terzo corpo d'armata del KMT contro i comunisti in cambio della possibilità di smerciare droga verso Saigon e Bangkok, apriva nuove prospettive. In quest'epopea s'inseriscono signori della guerra birmani e thailandesi quali il celebre Khun Sa, ma in questo periodo è il generale Li a dominare il traffico dall'altipiano dello Shan, la Montagna Splendente. Un'ottima ricostruzione storica di tale sconvolgimento si ricava dal saggio *Air America* di Christopher Robbins, portato al cinema sotto forma di vicenda avventurosa da Roger Spottiswoode nell'omonimo film con Mel Gibson.

Gli americani (la CIA e non la DEA, che ha sempre cercato di opporsi a questo traffico) ereditarono le infrastrutture corse dall'Operazione X. All'Air Opium si sostituì l'Air America, che ufficialmente inviava aiuti umanitari a Vientiane e a Phnom Penh, ma gli intermediari, i chimici e i corrieri restavano sempre cinesi. E non tutti facevano parte del 14K.

La saga di Ho lo Zoppo e dei fratelli Ma

All'inizio degli anni settanta a Hong Kong si era conquistato un posto di rilievo un gangster venuto dalla Città Murata, un venditore abusivo di porridge in uno dei tanti vicoli putridi di quella zona dove l'unica legge era quella imposta dalla mannaia, l'utensile più comune nel dirimere le controversie.

Il suo nome era Ng-Sik-Ho detto "Limpy Ho", Ho lo Zoppo, un personaggio diventato leggendario negli ambienti della malavita di Hong Kong. Approfittando della momentanea crisi del 14K, Limpy Ho salì tutti i gradini della Triade Ye Kwan sino a diventare un Capo della Collina. Nel giro di quindici anni si impose come il più potente signore della droga del Sud-Est asiatico. La sua organizzazione tesseva una rete che da Hong Kong arrivava sino a Singapore, ma soprattutto a Bangkok e a Saigon, nei locali di Patpong e Tu Do Street dove i GI americani venivano a cercare svago durante i periodi di R&R, Riposo e Ricreazione, nei locali popolati da un esercito di prostitute ma anche di spacciatori, pronti a regalare le prime dosi di eroina

– generalmente la numero 3 che si poteva anche fumare – per "creare" il mercato. In seguito sarebbero passati agli omaggi di Lao Green, la pregiatissima marijuana laotiana, e qualche siringa di China White, che si poteva prendere solo per endovena ma che assicurava un'assuefazione quasi immediata. Fu in quel modo che, accettando di finanziare la guerra segreta della CIA in Laos e Cambogia, le Triadi di Hong Kong entrarono nel mercato internazionale dell'eroina espandendosi verso gli USA e il Canada. Erano tuttavia al lavoro altre forze che non vedevano di buon occhio la sfolgorante carriera di Limpy Ho il quale, nel 1974, fu arrestato e condannato a trent'anni senza possibilità di riduzioni di pena. Il patto di corruzione che legava la mala alla polizia e ai giudici questa volta non aveva funzionato. Dietro a tutto c'erano i servizi segreti di Taiwan e i loro alleati del 14K che, se pure aveva rinunciato a una supremazia sulle Triadi, aveva stretto saldi legami con i chiu chaw ed era ben deciso a eliminare Limpy Ho dal mercato. Alla vicenda è stato dedicato qualche anno fa anche un ottimo film di Poon Man Kit, regista forse non molto prolifico ma estremamente accurato nella ricostruzione delle vicende della mala del suo paese. *To Be the Number One* riassume con una colorita espressione gergale della mafia di Hong Kong tutta la saga di Limpy Ho, personaggio forse un po' romanzato e al quale viene attribuito un pentimento finale non troppo credibile, ma che, per il resto, risulta assolutamente realistico.

Era finita l'epoca dei gangster con le lunghe palandrane d'inizio secolo. I nuovi boss si ispiravano ai *don* siciliani, giravano per locali notturni in abiti gessati con vistose catene d'oro, auto di lusso, sigari cubani e belle ragazze raccolte a stuoli. Quello fu il sogno di Ho, il povero venditore di porridge della Città Murata, lo Zoppo che diventò un re e cadde senza potersi più rialzare. La sua nemesi aveva il viso di altri due spietati gangster nati nei bassifondi della Città Murata, di origine chiu chaw: i fratelli Ma.

Ma-Sikyu e Ma-Sikchun erano poco più che Cavalli, picchiatori da strada di quegli stessi vicoli dove Ho aveva iniziato vendendo cibo abusivamente. Dapprima si legarono alla Triade del loro paese d'origine, Swatow, quindi si affiliarono al 14K senza far mistero della loro simpatia per il governo nazionalista. Vero o falso che fosse, l'ardore patriottico li portò presto a salire di categoria, da picchiatori a guardie del corpo nei bordelli e nelle sale da gioco; si recarono più volte a Taiwan dove ebbero incontri con i capi dei servizi segreti locali, che diedero loro fondi e fiducia. A Hong Kong Ma-Sikyu, il più anziano, fondò addirittura un giornale, l'"Oriental Daily News", che divenne il più importante quotidiano nazionalista stampato in lingua inglese della colonia. Attraverso il giornale e i suoi contatti i servizi segreti di Taiwan furono in grado di creare una rete di spie che copriva tutto il Sud-Est asiatico. Nel frattempo il giovane Ma-Sikchun diventava l'idolo dei night a Hong Kong e a Macao, nuova capitale del gioco d'azzardo orientale, conquistandosi il soprannome di Ma "d'Oro". Non si limitava a fare la bella vita, però. Eliminato Ho lo Zoppo, il giovane Ma cominciò una fitta serie di viaggi che lo portò in contatto con il generale Li in Indocina, con gli hakka a Chiang Mai e a Yaowarat, il quartiere cinese di Bangkok. E a Cholon, presso la comunità chiu chaw di Saigon, in Vietnam, dove ebbe la possibilità di agganciare rapporti con gruppi criminali che inserì nel traffico, in particolare i Saigon Cowboys, una delle bande più violente della città. Grazie a Ma d'Oro furono ripresi i contatti con le famiglie mafiose di Santo Trafficante di Miami e di Anthony Turano, rappresentante di una delle potentissime cinque cosche di New York. Di più: fu riattivata la connessione con i corsi, in particolare con il boss Auguste Richord di Marsiglia e fu persino avviato un nuovo canale che introduceva l'eroina China White negli USA attraverso il Messico. L'unico colpo che non gli riuscì fu quello di stabilire un contatto con la Yakuza giapponese, la mafia di Osaka. La trattativa avviata nel 1971, forse in una fase prematura, non andò mai in porto.

Non importava. Grazie al fratello e all'appoggio dello United Bamboo Syndicate, nel 1977 il più anziano dei Ma si era guadagnato il titolo di Ma "Polvere Bianca", signore incontrastato della droga a Hong Kong dove ormai, soprattutto nei Nuovi Territori e sulle isolette circostanti, erano sorti laboratori chimici clandestini in cui si poteva raffinare la China White allo stadio 4.

Ma se alla CIA e a Taiwan tutto ciò poteva anche andar bene, con il termine del conflitto vietnamita l'Occidente si trovava a dover fronteggiare un problema gravissimo di circolazione dell'eroina nelle grandi città occidentali. La DEA – la Drug Enforcement Administration, creata nel 1973 – aveva finalmente fondi e autorizzazioni per agire con efficacia, e pure la polizia di Hong Kong cominciò a occuparsi seriamente del problema creando un ufficio apposito, l'Organized Crime and Triad Bureau, l'OCTB, sulle avventure del quale Kirk Wong girò un bellissimo e realistico film qualche anno fa.

I fratelli Ma avevano fatto il loro tempo e, alla fine degli anni settanta, furono il bersaglio di una violenta campagna anticrimine che portò ad azioni decise, rastrellamenti, regolamenti di conti, tra i quali si ricorda il celebre incendio del ristorante Jumbo ad Aberdeen, avvenuto durante una riunione di Capi della Collina.

Giovani e pericolosi

La polizia reagiva con efficacia, ma molte piccole gang venivano allo scoperto per reclamare la loro fetta di territorio. Questa nuova leva di gangster era destinata a crescere negli anni ed era formata da giovani ambiziosi, poco rispettosi delle tradizioni delle vecchie società ma decisi a usare armi più letali delle solite scuri e mannaie.

Per le strade di Hong Kong si cominciò a sparare.

Delinquenti imbottiti di droga rapinavano gioiellerie e, come avveniva nelle città americane e canadesi, scatenavano carneficine anche in ristoranti e luoghi pubblici. Tutto ciò non fece altro che alzare il livello della violenza, costringendo le autorità a interventi ancora più drastici. I fratelli Ma riuscirono a fuggire e si rifugiarono a Taiwan, dove avevano amici e nessun mandato di estradizione poteva toccarli.

La guerra alle Triadi sembrava solo in apparenza essersi risolta con la vittoria della giustizia. Ormai, da quella che sarebbe stata soprannominata l'Isola dei Fuggiaschi, i fratelli Ma si erano organizzati per trasferire fuori dalle acque territoriali di Hong Kong, su navi o isolotti (proprio come è raccontato nel film *I tre dell'Operazione Drago* con Bruce Lee), i laboratori per la raffinazione della morfina in China White.

Grazie all'"Oriental Daily News" la rete spionistica nazionalista riceveva e divulgava informazioni e le spedizioni dal Triangolo d'Oro venivano gestite attraverso canali differenti. Tutto questo perché, malgrado gli sforzi della DEA e della polizia inglese – e, bisogna dirlo, di molti validi e incorruttibili ufficiali cinesi – le Triadi avevano da sempre avuto la protezione di agenti di medio livello nella polizia cittadina. Uomini poco appariscenti ma potentissimi che avevano accumulato fortune ed erano in grado di rallentare operazioni di rastrellamento, permettere la cattura solo di pesci piccoli e lasciar fuggire i *tai lo*, i fratelli maggiori, quelli che veramente detenevano il potere.

Uno di questi era Liu Lok, un sergente della polizia di Hong Kong, smascherato in seguito alla scoperta degli ingenti fondi che teneva nascosti in banche alle Cayman, ma che riuscì a fuggire e fu visto anzi cenare nei migliori locali con i fratelli Ma nell'Isola dei Fuggiaschi. A lui si ispirò Robert Daley – e in seguito Michael Cimino – per il personaggio di Joey Tai, interpretato da John Lone nell'*Anno del Dragone*. Grazie alle sue amicizie con i boss e i servizi segreti nazionalisti, Liu Lok fu in grado di rifarsi una verginità e di trasferirsi a San Francisco (non a New York, come avveniva nel film sopra citato) per diventare capo della *tong* del quartiere cinese, quasi un sindaco intoccabile.

Ma ormai l'equilibrio imposto dal 14K e dai loro alleati andava smembrandosi e la lotta per il controllo della malavita si faceva sempre più violento. Stavano emergendo le bande dei *rascals*, degli sciacalli, tutti giovanissimi e armati fino ai denti, che avrebbero costituito il nerbo della nuova malavita cinese. E la battaglia si era estesa a tutto il mondo.

Un esempio eclatante era rappresentato da Chung Mon, detto l'Unicorno, che dai primi anni settanta aveva curato gli interessi del 14K in Europa creando un impero tra Amsterdam e Rotterdam attraverso il quale passava tutta la droga diretta in Germania e in Europa del Nord. Considerato potentissimo, aveva il comando assoluto nelle stradine del quartiere cinese che si dipanano dietro il Red Light District, la zona a luci rosse della capitale olandese con le prostitute in vetrina. Paradiso dei tossicodipendenti, paese della libertà sfrenata, l'Olanda di quegli anni era assolutamente impreparata a fronteggiare un'ondata di delinquenza orientale di tali dimensioni. Durante tutto il periodo della guerra del Vietnam, e anche in seguito, l'organizzazione dell'Unicorno, collegata ai Ma, rifornì le basi americane in Germania di China White, alimentando il vizio tra i giovani che convergevano in Olanda alla ricerca di un paradiso allucinogeno. La polizia locale cercò timidamente di svolgere qualche azione di contrasto, ma l'Unicorno aveva protezioni in alto loco e, quando si profilarono dei rivali all'interno della sua comunità, non esitò a reagire con la massima violenza. La battaglia della DEA, al termine del conflitto vietnamita, si fece dura anche in Europa, dove comunque i cinesi erano fuori dal loro territorio. Il 3 maggio 1975 l'Unicorno cadde in un agguato tesogli da giovani killer cinesi muniti di armi automatiche. Morì sulla strada. Chan Yeun Muk fu scelto dal 14K per sostituirlo. Nella scala gerarchica era un 486, un uomo brutale ma non abile come l'Unicorno. A un anno esatto dall'omicidio – insoluto – del suo predecessore, Chan fu ucciso per le strade. Questa volta era stato un commando della Triade Ah Kong di Singapore, legata alle gang giovanili di Hong Kong che spesso si servivano per i lavori sporchi di killer venuti dalla Madrepatria, a volte ex militari. Qualcosa stava davvero cambiando. E in peggio.

Gangster o uomini d'affari?

Da quel momento in avanti le nuove gang giovanili cominciarono a rivestire il ruolo di semplici esecutori, ignorando codici d'onore e procedure di ammissione. Facevano il lavoro sporco per i "veri" capi, che ancora si sentivano eredi delle tradizioni originarie delle Triadi ma avevano imparato a mascherarsi da seri e stimati uomini d'affari.

"Un paese-due sistemi", lo slogan propagandistico che ha accompagnato il passaggio di Hong Kong dal governo inglese a quello di Beijing, ha avuto riflessi anche sul mondo della malavita. Scomparsa la Città Murata, gli episodi di violenza eclatante con il trascorrere del tempo sono diventati sempre più rari. La nuova Triade veste abiti firmati e gestisce società quotate in Borsa, più attenta alle oscillazioni dell'indice Hang Seng che ai regolamenti di conti al mercato della frutta. Eppure manovra miliardi di dollari da e verso la Cina, può contare su corruzione e connivenze ad alto livello governativo e ha tracciato pericolosi sentieri che uniscono Hong Kong a Beijing e, soprattutto, a Shanghai, che è la nuova testa di ponte della Madrepatria verso l'economia del libero mercato occidentale.

Ancora una volta è il cinema popolare lo specchio di questi cambiamenti. L'epopea dei malavitosi tatuati, presenti nei film di Kirk Wong come *The Club* (interpretato da Chan Wai Man che era stato un vero Palo Rosso della Triade), è superata, come la saga dei micidiali *Young and Dangerous*, belli, crudeli ed eleganti che hanno caratterizzato la fine degli anni novanta con un serial dal successo senza precedenti.

Lo stesso regista Andrew Lau ha girato oggi una nuova serie in cui si spara pochissimo ma aleggia un clima di sospetto, corruzione e tradimento che rispecchia esattamente la situazione della nuova criminalità di Hong Kong. *Infernal Affairs*, interpretato da Andy Lau e Tony Leung, solo per citare nomi già noti al lettore, ha travolto ogni altro film del filone e ha ispirato un remake americano. Sempre la trasposizione fantastica delle gesta dei " banditi" trova riscontro nella realtà, e questo è uno dei fattori caratterizzanti la cultura popolare di Hong Kong anche oggi che, con l'arrivo dei comunisti, dovrebbe essere cambiato tutto.

Ma, come ricorda un personaggio di *Infernal Affairs III* parlando di corruzione, questo è "un paese-due sistemi".

Capitolo 5

Diecimila passioni sotto il cielo

L'Opera cinese

Cinema, leggenda, violenza reale o immaginaria. Impossibile distinguere una componente dall'altra e, dopotutto, è proprio la radice fantastica e culturale dell'avventura che sono venuto a cercare a Hong Kong.

Dopo i primi passi tra grattacieli e pagode, tra vicoli malfamati e giardini sfuggiti da un'altra epoca, è inevitabile imbattersi in quella cultura popolare cavalleresca che ha influenzato l'immaginario attuale dei cinesi, soprattutto di quelli che gravitano attorno all'industria dello spettacolo di Hong Kong.

Prima ancora del cinema è necessario affrontare la letteratura *wuxiapian* e l'Opera cinese, spettacolo che in passato ha svolto quella funzione d'intrattenimento oggi affidata al cinema. Non solo: un'escursione in questo mondo ci rivelerà un altro di quei fili segreti che fanno da trama al tappeto magico del nostro viaggio.

La cultura cinese è sempre in qualche modo legata alle arti marziali, intese non solo come metodo di autodifesa ma come disciplina più generalmente finalizzata alla realizzazione dell'uomo in sé. Se gli anziani praticanti di taiji nei parchi rappresentano la faccia speculare dei vigorosi campioni del ring, il risvolto spettacolare, "teatrale" del kung fu, inteso come "duro lavoro", affonda le sue radici nelle scuole durissime dell'Opera cinese.

Gli studenti di queste istituzioni vengono oggi chiamati Pantaloni Rossi e rappresentano un particolarissimo esempio di frequentatori di una scuola d'arte.

Per l'occidentale affrontare la visione di spettacoli che si protraggono per lunghi periodi di tempo, accompagnati da musiche e canti a noi profondamente lontani, può sembrare un'impresa insuperabile. Una buona idea può essere quella di approcciare l'Opera cinese attraverso un programma condensato per turisti (della durata comunque di due ore circa: vi assicuro che si tratta di un sacrificio sopportabile ma non da nulla per chi non è abituato), offerto da uno dei tanti teatri di Kowloon quali il Ko Shan Theater a Ko Shan Road o il complesso più moderno dell'Hong Kong Cultural Center in Salisbury Road, a pochi passi da Nathan Road.

Come dicevo, assistere alla rappresentazione di un'Opera cinese può rivelarsi un'esperienza frustrante. Sulle prime lo spettatore occidentale è rapito dai colori, dallo svolazzare di maniche, dalle maschere e dalle pitture che gli attori portano sulla scena. Dopo la prima mezz'ora, tuttavia, si comincia ad avvertire una sensazione di smarrimento, come se ci si trovasse all'angolo di un mercato rutilante di voci e rumori, molto differente dalla prospettiva centrale in cui il teatro pone lo spettatore in Occidente. Per la verità le opere, che possono durare diverse ore ed essere suddivise anche in due o tre giorni di rappresentazione, vedono il pubblico cinese alzarsi, chiacchierare, mangiare perfino, distraendosi dallo spettacolo per diverso tempo e tornando magari a concentrarsi in qualche momento culminante. I canovacci sono quasi sempre gli stessi, gran parte del pubblico (oggi composto essenzialmente da intenditori) conosce già lo svolgimento dell'azione e si concede lunghe pause per concentrare l'attenzione solo nei momenti che ritiene più interessanti, senza che gli attori sulla scena considerino offensivo un tale comportamento.

In compenso la lunghezza induce più di un occidentale al sonno e le traduzioni in inglese e giapponese che appaiono su una lavagna elettronica a fianco del palcoscenico spesso lasciano alquanto a desiderare.

Le Giunche Rosse

Eppure, a poco a poco, il ritmo cantilenante della recitazione, le acrobazie di scena abbinate ai costumi sgargianti non mancano di esercitare un certo fascino che mi spinge a saperne di più e a interpellare un anziano addetto al piccolo negozio-museo all'ingresso della sala. Vengo a sapere che l'Opera cinese (detta anche "di Beijing") è una forma di intrattenimento ben più antica delle dinastie Ming e Qing, che hanno nutrito una profonda passione per questa espressione artistica favorendo un suo sviluppo organico.

In realtà forme di recitazione che mescolavano balli, canti e acrobazie erano diffuse da epoche molto anteriori e hanno rappresentato una delle manifestazioni più genuine della cultura cinese. Un tempo le varie compagnie teatrali viaggiavano per tutto il Regno di Mezzo spostandosi lungo la sua linea di demarcazione più evidente, il fiume Yangtze, che divide il Nord dal Sud, una spaccatura culturale che a volte l'occidentale fatica a cogliere appieno ma che, per i cinesi, riveste una cruciale importanza. Gli artisti dell'Opera si spostavano a bordo di giunche con le vele rosse, passando da una città all'altra, da un porto a un insediamento rurale, diffondendo una cultura variegata proprio perché a ogni fermata assorbiva elementi nuovi. Assieme ai canovacci, ai nuovi costumi, gli attori apprendevano nuove acrobazie e, naturalmente, tecniche marziali che, considerata la natura epica dei lavori rappresentati, costituivano una componente importante della loro arte.

Beijing divenne in breve il punto di incontro e di fusione di varie forme di spettacoli che, nel corso degli anni, si amalgamarono in un filone basato sulla teatralità come veniva concepita nel Nord della Cina.

Con lo sviluppo della dinastia Yuan (di origine mongola, fondata da Gengis Khan e giunta al suo apice con uno dei suoi discendenti, Timur Leng) l'Opera, definita *beiqu,* fu elaborata come una forma di spettacolo dalla struttura lineare ma nondimeno ricca di emozione e stile. Durante la dinastia Ming (1368-1644) si verificarono ulteriori sviluppi che, di volta in volta, esaltarono una o più delle tre componenti fondamentali dell'Opera (recitazione, canto e acrobazia), generando forme di rappresentazione chiamate di *chuanqi* e *kunqu*. Fu però sotto il dominio degli imperatori Qing, di origine mancese, che l'Opera raggiunse il suo apice distinguendosi in diversi filoni a seconda del luogo d'origine. Registriamo quindi l'esistenza del *nunkun,* proveniente dalle province meridionali e fiorito durante il periodo Yuan, del *beiyi*, coevo ma originario del Nord, del *donglui*, proveniente dallo Shandong, e del *xibang*, più recente ed elaborato nella regione di Shaanxi (dove si trova Xi'an con il suo favoloso esercito di terracotta), una forma di spettacolo che segnò il passaggio dai Ming ai Qing. Il processo di trasformazione ed elaborazione dell'Opera cinese durante i suoi anni d'oro, grazie al patrocinio degli imperatori, è assai complesso ed è quasi impossibile per l'occidentale, benché animato di tutta l'attenzione possibile, seguirne esattamente le fasi rammentandone tutti i nomi e le sottigliezze (a volte quasi impercettibili per i non addetti ai lavori). Ci basti quindi sapere che anche negli anni tormentati del termine della dinastia e dell'avvento della repubblica l'Opera cinese restò un intrattenimento popolare di grande richiamo, con diverse scuole di interpretazione che rivaleggiavano tra loro, ciascuna specializzata in un genere diverso. Ciò per dimostrare come, malgrado la prima impressione di staticità che il profano può ricavarne, si tratti di uno spettacolo in continua evoluzione, dove il canovaccio è solo un pretesto per esprimere differenti modi di concepire la rappresentazione. Anche la cinematografia locale (che ai suoi esordi attinse a piene mani sia dalla tradizione letteraria del *wuxiapian* cavalleresco sia dall'Opera stessa) non è riuscita del tutto a scardinare l'affezione del pubblico per tale forma d'intrattenimento. Negli anni quaranta, malgrado la guerra civile, prosperò la scuola di Qiu Shengong, alla quale si deve l'introduzione dell'abitudine di dipingersi il volto che ha quasi del tutto sostituito l'uso della maschera.

Facce dipinte

A proposito di scuole dell'Opera è necessario rammentare che la severità a volte brutale di tali istituzioni artistiche non è un mito. L'apprendistato dura ancora dagli otto ai dieci anni, un periodo durante il quale le famiglie dei giovani studenti stipulano un vero e proprio contratto che mette letteralmente i ragazzi nelle mani dei loro insegnanti, ai quali non solo è garantito il diritto di prendere le necessarie misure per istruire i propri allievi, ma anche di ricavare una forte percentuale sui guadagni eventualmente realizzati nelle performance di questo periodo. La disciplina è al limite dell'inaccettabile, almeno per noi occidentali.

Sammo Hung (oggi noto regista e attore nonché maestro d'armi della Golden Harvest) ha raccontato in un'intervista che il suo maestro aveva il diritto di «picchiare a morte gli allievi» se lo avesse ritenuto necessario. Circostanza mai verificatasi per sua stessa ammissione, ma che costituiva, evidentemente, una minaccia non solo metaforica. Il maestro Yu, direttore di una delle più prestigiose scuole di Opera cinese a Hong Kong, aveva fama di insegnante implacabile, ma dalle sue lezioni sono usciti talenti quali lo stesso Sammo Hung, Jackie Chan e Yuen Biao. Alla severità, ma anche alla bravura, del maestro Yu, Sammo Hung ha dedicato un film nel quale interpreta il suo stesso insegnante, *Painted Faces,* del 1988, diretto da Alex Law. Si tratta di una delle rarissime produzioni consociate delle due più importanti (e acerrime rivali) società cinematografiche di Hong Kong, la Shaw Brothers e la Golden Harvest; come a dire un tributo del cinema a una forma di spettacolo che ne ha preceduto i fasti senza mai cedere completamente il passo.

Di fatto la maggior parte degli attori di successo, marziali e non, di Hong Kong ha studiato all'Opera di Beijing. Tra questi John Lone (*L'anno del Dragone* e *L'ultimo imperatore)* e Judy Lee, oggi affermata produttrice di Hong Kong ma che, nella seconda metà degli anni ottanta, fu indimenticabile protagonista di numerosi film di kung fu (*Queen Boxer*, *Iron Swallow* e *Lady Karate*).

I Professionisti della Gilda dell'Orchidea

La tradizione delle scuole, benché sviluppatasi negli ultimi secoli, ha un'origine ben più remota. Durante la dinastia Tang (618-907) gli attori dell'Opera erano conosciuti con il nome di *yuiyuanhang* (i Professionisti della Gilda dell'Orchidea) e possedevano già una salda posizione alla corte imperiale. L'imperatore Ming della dinastia Tang, stimolato dalla passione della figlia – che sarebbe divenuta l'imperatrice Wu Zeitan –, promosse non solo ricevimenti durante i quali le opere venivano costantemente rappresentate, ma incoraggiò la fondazione di un istituto dove si imparavano le danze, i canti e i canovacci dell'Opera e, naturalmente, l'uso di varie armi, ancora oggi conservate nei musei teatrali. Si trattava di un vero e proprio villaggio al quale erano ammessi solo i componenti della Gilda dell'Orchidea e i loro mecenati di corte.

Nella fase iniziale della sua storia l'Opera cinese veniva rappresentata su un palco di forma quadrangolare, senza sipari né scenografie, e il pubblico poteva assistere allo spettacolo da tre lati. Per questa ragione era richiesto agli interpreti di portare in scena uno spettacolo che potesse essere guardato da differenti angolazioni mantenendo intatta la propria spettacolarità. Al di là degli intuibili problemi scenografici, gran parte della magia della rappresentazione era affidata alla capacità degli attori di suscitare emozioni attraverso il canto, la parola e, naturalmente, l'azione. Nell'Opera cinese i mezzi di espressione artistica, quali il canto, il dialogo, la recitazione, il combattimento e le acrobazie seguono schemi convenzionali, ispirati alla vita reale e raffinati da generazioni di artisti che ne hanno tratto espressioni archetipiche del comportamento umano.

Il combattimento portato sulla scena viene chiamato *kaida* o *qida*. È possibile assistere a scene di duello e di lotta armata e disarmata, tra due personaggi o tra gruppi, a seconda che la trama richieda lo svolgimento di uno scontro di ridotte dimensioni o di una vera e propria battaglia. Secondo un'abitudine tutta cinese il combattimento è diviso in una serie di categorie che ne regolano le modalità di svolgimento e capita di assistere a duelli basati, illusionisticamente, sull'uso di magie e incantesimi. Benché la spettacolarità sia uno degli elementi fondamentali nella creazione di una coreografia è bene ricordare che lo stile di lotta di un personaggio deve sempre aderire alla sua personalità e aiutare lo spettatore a coglierne le caratteristiche: il duello non è mai un elemento scenografico a se stante, ma trova una sua logica collocazione nello svolgimento della storia, proprio come la maschera, la pittura facciale e la colorazione degli abiti. Oltre a ciò, il combattimento è sempre una stilizzazione, volta sì a suggerire l'impressione di una vera lotta, ma anche a soddisfare il gusto estetico di chi guarda. Da qui le posizioni piene di grazia che gli interpreti assumono al termine di ogni sequenza marziale, come in un fermo immagine che ne cattura l'essenza trasmettendola alla memoria dello spettatore. In questa sezione della performance assume una notevole importanza la capacità funambolica dell'attore di lanciare e far ruotare vari oggetti (che possono anche essere armi, ma non necessariamente) nel corso della lotta; si tratta di una specialità vera e propria (*chushou*) alla quale i giovani allievi dedicano innumerevoli ore di studio. Ricordate l'abilità clownistica di Jackie Chan nel combattere servendosi di semplici sgabelli in film come *Chi tocca il giallo muore* (*The Big Brawl*, 1982, di Robert Clouse) e *Drunken Master 2* (1994, di Liu Chia Liang)? Ebbene, si tratta di uno degli esercizi di base insegnati alla scuola dell'Opera cinese.

Questo aspetto, tuttavia, non deve farci scordare gli altri mille fattori che sul palcoscenico contribuiscono a dar forma a un sogno popolato da personaggi mitici, guerrieri, spadaccine e cortigiane che la sola abilità marziale non potrebbe esprimere compiutamente. Oltre al canto e alla recitazione assumono infatti grande rilevanza l'uso dei colori sia nell'abbigliamento sia nel trucco.

Le varie sfumature contraddistinguono immediatamente agli occhi del pubblico un personaggio coraggioso o malvagio, allo stesso modo in cui le lunghe maniche velate, dipinte di azzurro o verde pallido, che le attrici agitano in aggraziate coreografie evocano leggiadria, timidezza e innocenza senza necessità di ulteriori spiegazioni.

Lo stesso dicasi per la pittura facciale, che oggi ha sostituito quasi completamente l'uso delle maschere sia nei ruoli femminili sia in quelli maschili. Anche qui ci ritroviamo in un reame dominato da regole fisse, nel quale inevitabili variazioni e miglioramenti sono intervenuti con lentezza e non senza resistenze nel corso dei secoli.

Un particolare merita menzione perché sottolinea ancora una volta lo stretto legame tra l'Opera e le attività marziali. L'uso di dipingersi il volto pare venire direttamente dal campo di battaglia e precisamente dall'era delle Dinastie Settentrionali e Meridionali, millequattrocento anni fa. A quel tempo un giovane sovrano di nome Lanling era angosciato dal fatto di possedere lineamenti fini come quelli di una ragazza, che gli impedivano di esercitare la necessaria autorità sul suo esercito nonché d'impressionare il nemico. Per assumere un aspetto più marziale prese a dipingersi il viso o comunque ad apporvi una maschera con colori vivaci. Poiché la sua storia divenne un'opera popolare, gli attori adottarono l'abitudine di truccarsi con colori sgargianti per ottenere un più realistico effetto scenico, e in seguito tale espediente, dato che sembrava gradito al pubblico, fu utilizzato anche per altri personaggi. Se si considera che i danzatori delle dinastie Tang e Sui avevano l'abitudine di portare maschere e che, nello stesso periodo, un'altra forma di intrattenimento, lo spettacolo di marionette, prediligeva visi pesantemente dipinti, ben si possono comprendere le origini dell'uso di identificare i ruoli in base a maschere e pitture.

Ruoli, personaggi e intrighi di corte

Non che tutti i ruoli previsti obblighino l'attore a mascherarsi o a dipingersi il volto. Ci sono diverse categorie di personaggi maschili e femminili che appaiono sulla scena senza uso di make-up. Tra questi, nei ruoli *sheng* (maschili), i caratteri *wusheng* sono quelli più direttamente coinvolti in scene di lotta o combattimento, come indica il suffisso *wu* (marziale); il loro contraltare femminile, *wudan,* ha ispirato direttamente alcuni personaggi cinematografici del filone cavalleresco nell'opera di registi quali King Hu. Nella fase iniziale della sua carriera John Woo realizzò un interessante film, *Princess Chang*

Ping, tratto da un'opera tradizionale e filmato con rigore e rispetto delle regole teatrali.

Tra i ruoli che prevedono l'uso di maschere o pitture facciali (*jing*) assume un'importanza predominante il colore. Gli *heitou* (letteralmente le "facce nere") impersonano caratteri contraddistinti da imparzialità e rettitudine – quale l'emblematico giudice Bao Zheng – in parti dove alla recitazione e all'azione è preferito uno stile canoro. Il colore rosso (*hong*) è abbinato invece alle arti marziali e in particolare a tutti quei personaggi derivati dalla figura di Guan Yu (o, secondo una diversa traslitterazione, Huangdi), famoso generale dell'era dei Tre Regni (220-280), la cui rappresentazione prevede sia brani recitati sia sequenze d'azione. A proposito di Guan Yu, è interessante ricordare un aneddoto. Benché i personaggi *hong* siano numerosissimi in tutti i canovacci dell'Opera, oggi è quasi impossibile trovare uno spettacolo in cui il famoso generale appaia direttamente citato con il suo nome. Questo perché, durante la dinastia Qing, avvenne un incidente che ne determinò irrimediabilmente il fato. Wang Hongshu, attore specializzato non solo in ruoli "rossi" ma in particolare nel dar vita al generale Yu, venne a Beijing per esibirsi davanti all'imperatore. La rappresentazione riscosse uno strepitoso successo e, come accade spesso, suscitò l'invidia da parte di altri attori sino ad allora considerati tra i favoriti del Figlio del Cielo. Se tale rancore sia arrivato sino alla realizzazione di un atto doloso non ci è dato di sapere, fatto sta che, durante una delle repliche, scoppiò un incendio che distrusse quasi completamente il teatro imperiale. Per pura superstizione (una caratteristica comune nella cultura cinese anche ai livelli più raffinati) la corte si convinse che era stato proprio il personaggio di Guan Yu a gettare il malocchio sulla struttura e perciò il generale fu bandito da ogni rappresentazione e dovette accontentarsi di rivivere solo attraverso personaggi a lui ispirati.

Una sciocca superstizione orientale? Forse, ma chi frequenta l'ambiente dello spettacolo sa bene quali a volte insensate manie regolino il lavoro e l'esistenza di attori e registi. È sufficiente pensare all'avversione per alcuni colori, il viola su tutti, di note dive del melodramma per rendersi conto come in ogni paese vi sia terreno fertile per convinzioni di questo tipo.

Di fatto lo spettatore occidentale può provare un senso di sconcerto di fronte a spettacoli che si protraggono per ore – e non di rado giorni – recitati in una lingua incomprensibile ai più ma, se si ha la pazienza di seguire le evoluzioni spettacolari sulla scena, di abituare l'orecchio alle melodie non familiari per la nostra cultura, si finirà per seguire una vicenda dal sapore magico ed epico capace di regalare momenti di autentica emozione. È anche questo un kung fu, un "duro lavoro", che condivide con lo studio delle arti marziali più di uno spunto di interesse.

Capitolo 6

Spadaccine, concubine, eunuchi e cavalieri erranti

Il sapore della leggenda

Con gli occhi e la mente colmi di rutilanti musiche e colori è facile lasciarsi ammaliare dalla Cina millenaria e dalle sue leggende. Nei Nuovi Territori, sul lato di Kowloon che culmina con Castle Peak, ormai in vista dell'Isola dei Tagliapietre, si trovano altri teatri in cui va in scena l'Opera cinese, ma anche un'attrazione tipicamente turistica che può tuttavia costituire un buon punto di partenza per la ricerca di alcune delle tradizioni culturali di Hong Kong e, di riflesso, del complicato calderone delle leggende popolari cinesi che si fondono attraverso cinema, opera e letteratura con la storia stessa del paese. Non costa molto l'ingresso al villaggio della dinastia Sung che, protetto da alte cinta di mura, ricostruisce un villaggio del Regno di Mezzo di mille anni fa.

Sulle prime il turista smaliziato può ricavarne un'impressione negativa. Le stradine di un antico paesello del Regno di Mezzo al tempo dei Sung appaiono sin troppo artificiose e, nelle locande, assieme al tè si può bere Coca-Cola. Ma quando cominciano gli spettacoli con costumi, danze tradizionali e prove di kung fu (qui ho visto un ragazzo compiere incredibili esercizi di potenza e precisione con i *chopstik* di legno abitualmente usati per mangiare il riso) e ci si guarda in giro, si avverte tutta la magia della Cina dei cavalieri erranti. Basta ignorare le cime dei grattacieli e un aereo che passa a bassa quota, osservare i declivi boscosi dei Nuovi Territori che s'abbinano a tetti a pagoda, ascoltare un usignolo in una gabbia di bambù, osservare i movimenti delle danzatrici per ritornare alle atmosfere appena lasciate dell'Opera. Si corre subito alle magnifiche storie di concubine, intrighi di eunuchi, vicende di spadaccine e cavalieri erranti arrivate anche da noi in Occidente con film come *La foresta dei pugnali volanti* e *La Tigre e il Dragone* ma, per la verità, molto più antiche e radicate nella cultura popolare locale.

È venuto il momento di pronunciare una parola che si rivelerà fondamentale nel nostro viaggio all'interno del "fantastico" racchiuso nei grattacieli della nuova Cina.

Il termine è *wuxiapian,* e già evoca un mondo di sogno.

La tradizione cavalleresca cinese

Il *wuxiapian,* il cinema cavalleresco, viene sovente scambiato per un sottogenere dei film di kung fu ma, pur avendo con questi vari punti di contatto, se ne discosta per temi ispiratori e tradizioni culturali.

Quando, all'inizio degli anni settanta, il fenomeno Bruce Lee stimolò una dissennata importazione di pellicole di arti marziali in Occidente, critici e pubblico fecero di tutta l'erba un fascio senza comprendere le differenze tra il *gongfupian,* filone dedicato alle arti marziali a mani nude di ambientazione urbana, e il *wuxiapian*, suo parente non troppo stretto, in costume, basato su una tradizione antecedente legata alla filosofia confuciana.

Il *wuxiapian*, che narra letteralmente "storie di cavalieri erranti" ambientate tra l'epoca dei Ming e il crepuscolo dei Qing (un lasso temporale che va dal 1368 al 1911), fa certamente parte del cinema marziale, ma segue una strada differente dal filone che ha avuto in Wang Yu, in Bruce Lee e in Jackie Chan i suoi araldi più noti. Per il praticante d'arti marziali occidentale che si reca al cinema per godersi una rappresentazione spettacolare della sua disciplina, si tratta generalmente di un deludente pasticcio dove i protagonisti si affrontano in improbabili balzi a mezz'aria o dissertano intorno alla morale confuciana sullo sfondo di paesaggi bucolici. Per il critico saccente il *wuxiapian* risulta altrettanto incomprensibile, perché parla un linguaggio che, al tempo stesso, è troppo popolare e troppo astruso per poter essere inserito in qualche rassicurante categoria critica.

È un filone passato come una meteora sui nostri schermi, incompreso e perciò presto dimenticato. Come l'Opera cinese, anche il *wuxiapian* richiede uno sguardo più accorto e molta passione per essere apprezzato, e l'occidentale, ancorché entusiasta, deve avvicinarvisi con la consapevolezza di poterne cogliere solo l'esteriorità. Si tratta di un genere variegato, più antico del cinema cinese, benché ne abbia seguito l'evoluzione trasferendosi dalla Shanghai degli anni venti-trenta sino alla Hong Kong del dopoguerra, attingendo sia da ispirazioni cantonesi e mandarine sia da stimoli impensati, quali gli spaghetti western e i *chambara* giapponesi (i film di samurai). Ricostruirne l'evoluzione e i canoni richiede la consapevolezza che le sue radici culturali non solo sono antiche e spesso difficili da rintracciare, ma si sono anche evolute, a volte contraddicendosi, in differenti forme di espressione orali, scritte o figurate.

Considerando che *pian* significa semplicemente "film", mentre *wu* allude alle virtù marziali, il termine di riferimento più profondamente caratterizzante è *xia*, "cavaliere errante", ed è proprio da questa figura che partiremo nella nostra ricerca.

Il cavaliere errante

Secondo una definizione del 90 a.C. (ma che si applica a eroi già presenti nell'epopea di *Sho Jian* risalente all'era degli Stati Combattenti, tra il 403 e il 221 a.C.) *xia* è il cavaliere senza padrone, le cui virtù tradizionali sono l'onestà, la generosità, l'onore e il rispetto della giustizia.

Sin dal suo apparire (e l'iconografia cinematografica è, almeno inizialmente, rispettosa di tale canone) il cavaliere si presenta come l'incarnazione fisica di tali qualità. Lunghi capelli, lineamenti fini, sempre vestito di bianco, lo *xia* si serve di armi nobili quali la spada diritta e la lancia per difendere i deboli e la giustizia. I suoi tradizionali avversari sono invece personaggi dall'aspetto ambiguo, con corte barbe arricciate (mentre quelle dei saggi sono lunghe e seriche), abbigliati con tuniche sgargianti spesso volte a mascherare lame nascoste e ogni genere di marchingegni venefici. Questa è l'immagine che, grossomodo, si può associare al protagonista del *wuxiapian*, anche se su tale canovaccio il cinema ha tracciato una grandissima varietà di differenti personaggi, cambiandone persino il sesso, sino ad arrivare alla cruenta rappresentazione del regista Tsui Hark (*The Blade*, 1995) in cui lo *xia* non è un guerriero ma un forgiatore di spade, e invece di difendere la fanciulla ne diviene violentatore, anche se, a suo modo, sedotto. Questo capovolgimento di ruoli, favorito dal cinema quanto dall'evoluzione dei tempi, non era tuttavia assente nella tradizione letteraria *wuxia*.

Il canone, la figura archetipica non sono mai stati considerati immutabili, anzi. La cultura popolare cinese nel suo calderone ribollente ha cucinato i vari elementi, riproponendoli in salse differenti. Capita così di ritrovare, nella tradizione che va dalla raccolta di racconti *Chuanqui* della dinastia Tang al romanzo *Sulle rive del fiume*, sino alle *Cronache del Libro e della Spada* del romanziere Jin Yong – il Tolkien-Dumas-Stephen King del Novecento letterario cinese –, i medesimi personaggi, di volta in volta in ruoli differenti, persino sotto diverse forme fisiche (oggi cavalieri, domani animali o spiriti) a seconda della moda culturale del momento. Si tratta di un fenomeno curioso ma indispensabile per comprendere il genere: è come vedere Rolando, protagonista delle *chanson de gestes*, non solo nei panni del paladino di Roncisvalle ma anche in quelli di un soldato di Giovanna d'Arco a Orléans e di un generale napoleonico in Russia.

Né si deve considerare la tradizione letteraria una base irrinunciabile del *wuxiapian* cinematografico. Benché il cinema cavalleresco abbia attinto a piene mani dall'opera di sceneggiatori-romanzieri, come il già citato Jin Yong e l'altrettanto famoso Gu Long, ha però sempre cercato di rielaborare tradizioni classiche trovando spunti e storie originali.

Le origini mandarine

L'industria cinematografica cinese nasce a Shanghai negli anni venti, in ambiente culturale mandarino, fortemente influenzato da una tradizione che interpreta subito in modo originale. Solo vagamente ispirato al romanzo *Legend of the Strange Hero* di Xiang Kairan è il serial realizzato in bianco e nero della compagnia Ming Xing, *Burning of the Red Lotus Monastery*. Si tratta di una vicenda tipicamente marziale ispirata alle persecuzioni dei Qing, di origine mongola, ai danni dei saggi monaci Shaolin, adattata per il cinema in diciotto episodi e ripresa recentemente da Ringo Lam con il discusso *Burning Paradise* (del 1997, disponibile oggi in italiano con il titolo idiota *Duello al tempio maledetto*), una metafora epico-barbarica, poco gradita alla censura di Beijing, del passaggio della colonia inglese alla Cina Popolare. Ma il successo di questa serie non è che un esempio del florilegio di film in costume, oggi ahimé perduti, realizzati in quegli anni. Tra di essi ricordiamo *The Flying Swordsman Li Fei-fei* (1925), *The Nameless Hero* (1926) e *The Heroic Lovers* (1927). Dai pochi frammenti rimasti s'intuiscono trame classiche dominate dalla morale confuciana e dall'andamento lirico, suddivise in varie puntate proprio come l'Opera cinese. Si caratterizzano comunque per la costante presenza di scene d'azione d'ispirazione marziale, anche se eseguite da attori dell'opera più che da veri esperti di wushu (il termine adottato con la rivoluzione culturale per indicare le arti marziali di origine cinese), e per l'uso, primitivo ma efficace, di artifizi tecnici quali i cavi che consentivano agli spadaccini di "volare", ed effetti speciali il cui costo, ai tempi astronomico, impediva la produzione di simili opere nella "povera" industria del cinema di Hong Kong.

Con gli anni trenta e malgrado il favore del pubblico, la cinematografia mandarina subisce una brusca inversione tematica, passando dall'epica al realismo. Il governo di Chiang Kai-shek, il nascente comunismo cinese e gli invasori giapponesi considerano, con curiosa unanimità di giudizio, la passione per il passato leggendario del Regno di Mezzo un pericoloso sintomo di decadenza. Le produzioni epiche, oltre a essere costose, incontrano ogni genere di difficoltà burocratica e l'avvento della guerra ne cancella ogni traccia sino al termine del secondo conflitto mondiale, quando cavalieri erranti e coraggiose spadaccine riemergono in un ambiente culturale differente.

Il *wuxiapian* a Hong Kong

Dal 1945 in avanti Hong Kong diventa la nuova Mecca del cinema orientale dove, in un'atmosfera cantonese, meridionale e sicuramente meno raffinata, approdano con egual fortuna transfughi del cinema shanghaiese, società di sinistra come la Great Wall e nuovi talenti provenienti da Taiwan. Tutti producono *wuxiapian*, trovandovi terreno fertile per un recupero delle tradizioni culturali cinesi, venate di una certa nostalgia reazionaria per l'ordine sociale confuciano, o per ardite affermazioni di nazionalismo socialista. Come a dire che lo sfondo epico si presta egualmente a ideologie contrapposte senza troppi sforzi intellettuali. Va ricordato comunque che nel dopoguerra la produzione cinematografica a Hong Kong è volta a intrattenere un pubblico semplice con spettacoli appassionanti e che, sino alla metà degli anni sessanta, il cinema marziale, nelle sue due principali branche, si accontenta di replicare se stesso producendo avventure basate sui medesimi canovacci: il *gongfupian* ripropone all'infinito le gesta del saggio maestro Wong Fei Hung, mentre il filone cavalleresco si focalizza su poco avvincenti trasposizioni dell'Opera cinese, quasi che, nel contesto evolutivo del cinema della colonia, i film marziali si fossero bloccati a tematiche e modalità espressive del dopoguerra.

La vera e propria rivoluzione avviene solo alla metà degli anni sessanta, quando un pugno di registi di origine mandarina crea, con capitali hongkonghesi in ambientazioni taiwanesi, una *nouvelle vague* di storie cavalleresche, rivoluzionando intrecci e tecniche narrative. Non è un caso che la rinascita di un genere fortemente legato alla cultura popolare cinese avvenga in quel momento. La Cina rossa entra nel suo periodo di maggior vigore, sul fronte interno con la rivoluzione culturale e, su quello esterno, schierandosi con sempre maggior decisione contro il neocolonialismo americano sulla questione del Vietnam. Hong Kong, dal canto suo, vive fremiti rivoluzionari (i tumulti antioccidentali del 1967) ma, al tempo stesso, s'impone nello scacchiere politico economico del Sud-Est asiatico come una delle nuove Tigri dell'economia assieme al Giappone, alla Corea, a Taiwan. In pratica è un momento in cui essere cinesi è una realtà da vivere con orgoglio e il cinema è pronto a farsi interprete di tale sentimento. Ma, non dimentichiamolo, è anche l'epoca di suggestioni prettamente cinematografiche che i nuovi talenti della colonia non possono ignorare.

Il maestro Hu

La fortuna della violenta epopea degli spaghetti western e dei *chambara* giapponesi stimola varie società cinematografiche a realizzare prodotti che adattano per il pubblico cinese mode e filoni fortunati all'estero. È proprio in tale contesto che s'inserisce l'opera di King Hu, al secolo Hu Jinquan, nato a Beijing nel 1931 ma transfuga a Hong Kong da subito dopo la guerra. Con le sue radici culturali mandarine Hu conserverà sempre un legame profondo, che ne influenzerà tutta la produzione cinematografica, in vario modo legata alla tradizione cavalleresca marziale.

King Hu è forse l'unico regista di Hong Kong preso sul serio dalla critica ufficiale prima degli anni ottanta. Considerato il Kurosawa cinese, s'impone in un'industria dominata da criteri commerciali con opere di rigoroso stile estetico, coerenti con una poetica che fonde la tradizione del suo paese d'origine con suggestioni tipicamente cantonesi, strizzando l'occhio a filoni di provenienza occidentale. Le sue storie marziali riecheggiano temi e valori del passato – non a caso sono ambientate quasi totalmente nell'epoca Ming – e narrano vicende a sfondo politico, delle quali sono protagonisti spadaccine, eunuchi e cavalieri in lotta per la libertà.

La divisione dei ruoli è manichea sino all'eccesso. Da un lato si schierano i patrioti, il Dao (il bene), dall'altro gli agenti del Dongchang, la Camera dell'Est (il servizio segreto dei Ming), incarnazione vivente del Mo (il male). E non c'è via di mezzo. Sotto questo profilo la morale esasperata che domina i film di

Hu è strettamente legata alla tradizione mandarina trapiantata a Hong Kong.

L'innovazione, la scintilla che infiamma pubblico e critici si deve ricercare altrove, nella tecnica di ripresa, nelle ambientazioni e nel tratteggio dei personaggi. I poteri magici della filosofia taoista, tanto cari alla tradizione letteraria *wuxia*, lasciano spazio all'abilità marziale vera e propria. È in quest'epoca che, abbandonate le pantomime dell'Opera cinese, sullo schermo si vedono vere e proprie coreografie marziali curate da autentici esperti. Alla Shaw Brothers, studio di produzione per il quale lavorava Hu, come maestro d'armi approda Liu Chia Liang (o Lau Kar Leong per i puristi della traslitterazione dal cantonese) che aveva esordito in *The Jade Bow* (1966) della Great Wall. L'apporto di Liang all'opera di King Hu è fondamentale: vi inserisce un vigore e un'energia che il regista stesso riproporrà nelle sue opere migliori, da *My Young Auntie, Mad Monkey Kung Fu* sino a *Martial Arts of Shaolin,* con Jet Li, che segnerà la prima delle grandi coproduzioni tra Hong Kong e Beijing negli anni ottanta. Hu si avvale delle conoscenze marziali di Liang non solo per vivacizzare le sue storie, ma anche per riaffermare, come in un ritornello, la lotta tra Dao e Mo, quasi che il continuo correre, caprioleggiare e combattere dei suoi protagonisti sia un refrain in cui si ricorda allo spettatore la necessità di un confronto diretto tra forze opposte. Ma, oltre alla pura e semplice abilità marziale degli interpreti, Hu si serve di cavi, trampolini, movimenti di macchina e dell'inserimento di armi strane e dall'aspetto ingannevole, gadget presi a prestito dai western di Sergio Leone quanto dalle imprese di James Bond. E, naturalmente, a dar vita alle avventure violente coreografate da Liang sono chiamati personaggi archetipici della tradizione, riletti con una capacità di caratterizzare e stravolgere i modelli così sanguigna da creare nuovi motivi ispiratori. L'eunuco albino di *Dragon Gate Inn* diventa una perfetta figura di "cattivo" ripresa non solo nel remake di Tsui Hark all'inizio degli anni novanta (*Dragon Inn*, del 1992, in cui il perfido albino è interpretato da Donnie Yen), ma anche da una pletora di imitatori nei successivi vent'anni.

L'inserimento, accanto al cavaliere della tradizione, di una figura femminile guerriera è invece tipicamente cantonese. Benché anche nella Cina del Sud la condizione della donna sia di indiscutibile inferiorità, la finzione cinematografica a Hong Kong ha sempre riservato una particolare attenzione alla femmina guerriera. Le eroine di King Hu sono le antesignane delle poliziotte del genere *femme fatale*, fiorito intorno agli anni novanta, del quale Michelle Yeoh (*Yes Madam*, *Ultraforce*, *Police Story 4*, sino a *Supercop* con Jackie Chan e a *Tomorrow Never Dies* accanto all'immarcescibile 007) e Cynthia Khan (la serie *In the Line of Duty*, *Superlady cop*) sono state acclamate protagoniste.

Ladre, cortigiane, spadaccine, spie: l'universo femminile avventuroso di King Hu trova molteplici affascinanti paradigmi nella sua produzione, da *Come Drink with Me* (1965) a *The Fate of Lee Khan* (1970), sino al suo capolavoro *A Touch of Zen* (1968), un film che, con qualche difficoltà, l'appassionato potrà ritrovare anche in versione italiana con il titolo *La fanciulla cavaliere errante.* Le protagoniste femminili di Hu, da Shi Szu a Ching Pei Pei, sono veri e propri personaggi marziali, raramente toccate dal sentimento e votate alla loro missione quanto i loro colleghi uomini.

Il terzo elemento distintivo del cinema marziale di Hu è l'ambientazione, che oscilla tra le grandi distese naturali della Cina (ricostruita a Taiwan), fotografata in tutta la sua magia con deserti, boschi, cascate, piogge e giornate abbacinanti, e lo spazio angusto di luoghi chiusi. Tra questi s'impone la locanda, punto d'incontro per antonomasia di briganti e patrioti, di spie e tiranni. È uno scenario perfetto per l'eterna partita tra Dao e Mo, dove i ruoli s'invertono continuamente e la superficie ristretta in cui sono costretti a muoversi i protagonisti si rivela, oltre che elemento drammatico, anche palcoscenico di ardite acrobazie marziali.

I discepoli, tra violenza e spettacolarità

Meno noto di King Hu, ma egualmente significativo e forse più prolifico, è Ho Meng-hua, autore di una lunga serie di *wuxia-*

pian di ottima fattura. Originario di Canton, Ho comincia a lavorare nel 1957 per la Shaw Brothers assorbendo gli aspetti maggiormente legati alla cultura meridionale dell'opera di Hu. Dopo un esordio cavalleresco che ripropone la leggenda del pellegrinaggio in Occidente del dio Scimmiotto (*The Monkey*, 1966), una storia epica di tradizione classica, Ho dirige una serie di pellicole esteticamente sempre più raffinate, sino a raggiungere con *Vengeance is a Golden Blade* (1969) una perfezione formale degna del maestro Hu. Le arti marziali trovano nell'uso del rallentatore, della violenza esasperata ispirata al western crepuscolare di Sam Peckinpah, nuove e più audaci possibilità espressive che anticipano la spietata drammaticità dei film di kung fu, pur mantenendo molte delle convenzioni del filone.

Protagoniste incontrastate dei film di Ho Meng-hua restano le eroine guerriere della tradizione cantonese. Nel suo film più famoso (e l'unico a essere arrivato in Europa, anche se solo sui mercati francese e inglese), *Lady Hermit* (1971), troviamo due volti noti dell'epoca, Ching Pei Pei e Shi Szu, entrambe provenienti dalla scuola dell'Opera cinese e autentiche esperte di arti marziali. *Lady Hermit* è un film epocale, tragico ed elegiaco al tempo stesso: la fine di un'epoca, quella delle leggende, rappresentata con un senso della drammaticità mai più raggiunto dal regista negli anni successivi. Ching Pei Pei impersona una spadaccina ritiratasi in eremitaggio in seguito a un furioso duello con Demone Oscuro, capo di una banda criminale. È costretta a tornare in azione per aiutare la sua pupilla (una deliziosa Shi Szu), decisa ad annientare l'antico rivale. Con la sua violenza esacerbata *Lady Hermit* è un vero inno alla donna guerriera, un tema che all'inizio degli anni settanta comincia ad appannarsi, ma che in quest'opera è ancora estremamente vitale. Anche se la vena creativa del regista si esaurirà nella ripetizione dei suoi stessi schemi narrativi, Ho Meng-hua rimane una figura interessante, spesso misconosciuta del cinema cavalleresco cinese, soprattutto per le sue trovate visuali e le armi, che diventeranno vere e proprie protagoniste delle sue storie, come la ghigliottina volante dell'omonimo film (*The Flying Guillottine,* 1975) e il drago di acciaio montato su uno yo-yo affilato di *The Dragon Missile* (1976), stravaganti variazioni di un arsenale bizzarro e del tutto inventato che ha accompagnato il *wuxiapian* dalle sue origini.

Malgrado la presenza di talenti quali King Hu e Ho Menghua, la figura più significativa del *wuxiapian* (e del cinema marziale) degli anni sessanta-settanta rimane Chang Cheh. Grande vecchio della cinematografia di Hong Kong, scopritore di talenti quali Wang Yu, David Chiang e il defunto Alexander Fu Sheng, e "padrino" spirituale di registi come il celebrato John Woo, Cheh rimane sino alla morte, avvenuta nel 2002, una figura di proporzioni epiche per le arti marziali, alle quali ha consacrato tutta la sua opera. Cimentatosi con successo in entrambi i filoni, è tuttavia nel *wuxiapian* che è possibile cogliere con maggiore rilevanza le sue qualità innovative. Il cinema di Chang Cheh è violento, esacerbato, volutamente lontano dai temi patriottici e confuciani della tradizione che, pur evocati, perdono di sostanza, riducendosi a meri involucri delle passioni umane, quali l'onore e la vendetta. Al centro delle storie raccontate da Chang Cheh ci sono sempre e solo uomini disperati, spadaccini mutilati alla ricerca di una vendetta purificatrice, consapevoli della crudeltà del destino quanto della loro condizione di solitari. È proprio la carica di pessimismo a caratterizzare l'opera di Cheh sia nei film cavallereschi sia in quelli di kung fu. La donna ha unicamente un ruolo di complemento, spesso inutile, in vicende focalizzate su cavalieri che, benché formalmente rispettosi dell'iconografia mandarina, sono animati da un furore tormentato che li pone immediatamente in un contesto moderno. Ching Pei Pei, pur essendo eponima protagonista di *Golden Swallow* (1968), è mero oggetto di contesa tra gli spadaccini Roccia d'Argento (Wang Yu) e Han Tao (interpretato da Loh Lieh, che molti ricorderanno protagonista di *Cinque dita di violenza, King Boxer*), alla fine più interessati l'uno all'altro che alla fanciulla. Wang Yu, protagonista in *The One Armed Swordsman* (*Mantieni l'odio per la tua vendet-*

ta, 1967), crea una nuova figura archetipica del genere: lo spadaccino monco, guerriero mutilato che trova nella sua disgrazia una nuova forza distruttrice che ne assorbe totalmente l'esistenza sino a un apocalittico finale. Forse l'idea dello schermidore menomato non è originale (è ispirata in effetti al serial giapponese *Zatoichi*, il samurai cieco), ma qui Chang Cheh la interpreta con una forza nuova, in grado di generare schiere di epigoni nei successivi vent'anni. Wang Yu, attore e regista a sua volta, che di arti marziali ne sapeva davvero poco ma era un autentico Uomo-scure delle Triadi, ne replicò il personaggio nel suo *The One Armed Boxer* (*Con una mano ti rompo, con due piedi ti spezzo,* 1969), un *gongfupian* ancor oggi godibile malgrado alcune ingenuità. Passato dietro la macchina da presa, Wang Yu realizzò un ottimo *wuxiapian*, *Beach of the War Gods* (1975) nel quale da una parte rende omaggio al suo maestro, dall'altra attinge a piene mani sia dalla tradizione dei film di samurai sia dai western all'italiana. Il cinema marziale di Chang Cheh è comunque un universo di eroi cripto-omosessuali, disposti a sacrificare la vita pur di vendicarsi, annullandosi in un'orgia di sangue e teste mozzate. Si tratta di una visione estremamente pessimistica dei temi classici del racconto d'avventura, in cui l'eroe stesso appare gravato di una cupa rassegnazione al proprio destino assente in altre opere del filone quanto nei romanzi classici. David Chiang, sconfitto in duello all'inizio di *The New One Armed Swordsman* (*La mano sinistra della violenza*, 1971), si autoinfligge la mutilazione del braccio e si umilia assumendo l'identità di un cameriere maltrattato da tutti, quasi cercasse l'espiazione di una colpa commessa in una vita precedente. L'amore sincero della figlia del locandiere non lo interessa, solo la morte di Ti Lung, a sua volta spadaccino e quindi "fratello d'armi", riuscirà a scuoterlo concedendogli la possibilità di vendicare l'onore perduto, poiché l'assassino dell'amico è anche il suo antico rivale. La vittoria, tuttavia, non è trionfo, ma semplice espiazione, e non può condurre che a una fine cruenta. I temi classici perdono la loro essenza: l'onore è un futile pretesto per la vendetta, la giustizia è solo occasionalmente dalla parte dei "buoni" e persino l'amicizia diventa un sentimento morboso, ambiguo e ossessionante.

È il trionfo del caos, forse lo specchio della realtà asiatica degli anni settanta che Chang Cheh fotografa, anche nel contesto mitico, con lucido realismo e visionaria disperazione. Ne è un esempio *Blood Brothers* in cui gli eroi-feticcio del regista, Ti Lung e David Chiang, portano sulla scena l'assassinio di un generale manchu, riproponendo tra l'altro un'epoca poco frequentata dal filone e per di più con una visione corrusca, dove l'onore tra amici supera nuovamente il sentimento romantico tra uomo e donna.

Con l'esplodere del fenomeno Bruce Lee e la moda del *gongfupian* di ambientazione moderna, il *wuxiapian* non muore, ma si avvia a un lento declino, incompreso dal pubblico occidentale che vuole i "film di karate" e superato in patria da altri filoni. È il momento del cinema sentimentale, della *gongfu comedy* buffonesca di Jackie Chan e Yuen Woo Ping. Chang Cheh stesso preferisce orientarsi verso storie di arti marziali contemporanee (*Boxer from Shantung,* 1971), scoprendo nel tempio di Shaolin (*Heroes Two,* 1973) un'ambientazione d'epoca vagamente imparentata con il *wuxiapian*. Di fatto anche la sua opera perde di vigore con l'affievolirsi dell'interesse del pubblico.

Il film cavalleresco rimane però sempre presente nella produzione di Hong Kong, a volte con risultati sorprendenti. *Moon Warriors* (1991) di Sammo Hung, regista e compagno di studi di Jackie Chan, recupera parzialmente i temi favolistici di King Hu in un contesto più moderno. Il suo film ci riporta in una Cina di paesaggi mozzafiato, popolata di principi-fratelli in lotta sugli opposti fronti del Bene e del Male. Ma non è il tema politico a interessare Hung, quanto l'intrigo sentimentale (la principessa Anita Mui divisa tra l'amore del suo principe e il pescatore Andy Lau, la spadaccina Maggie Cheung, combattuta tra i sentimenti per il suo signore e la fedeltà politica al suo rivale) e la coreografia marziale. Ninja che spuntano dal terreno, spadaccini volanti, duelli davanti alle cascate: *Moon Warriors* è la dimostrazione della versatilità e della visionaria creatività di un autore forse a torto rimasto per troppo tempo all'ombra di Jackie Chan. Tuttavia il suo exploit resta un caso isolato, un film gradevole ma lontano da rilanciare il genere. Che, invece, trova nuova linfa nella fantasia di Tsui Hark, vera figura dominante del cinema di Hong Kong negli ultimi vent'anni. Allievo di Cheh, esperto di narrativa popolare, Tsui Hark è una personalità dispotica, poco propensa al dialogo secondo molti dei suoi collaboratori, ma rappresenta un punto di riferimento nella rinascita del cinema di Hong Kong. *Zu, Warriors from the Magic Mountain* (1982) rilancia il cinema fantastico con un ritorno alle origini: i duelli e le arti marziali sono sempre presenti, ma in sottotono rispetto alla magia, al *sense of wonder* attinto dalla tradizione e ricreato attraverso un impiego massiccio di nuove tecniche di ripresa ed effetti speciali. La ricerca di Hark sulle tradizioni fantastiche prosegue con opere come *Green Snake* (1993), che recupera un'antica leggenda a cavallo tra la Cina e l'India e riporta in primo piano la figura femminile, una delle caratteristiche del cinema di Hark. Brigitte Lin e Maggie Cheung conquistano la scena strappandola a spadaccini ed eunuchi in *Dragon Inn* (1992), remake del vecchio film di King Hu, tratteggiando personaggi complessi che non si limitano a servirsi della spada, ma amano e tramano, serviti da sceneggiature ispirate alla tradizione letteraria *wuxia*. A questa si ispira anche Ronny Yu con *The Bride with White Hair* (1983), in cui Brigitte Lin dà vita con straordinario vigore a un personaggio letterario dell'epoca Ming.

Storie di fantasmi cinesi

Da una raccolta di racconti sempre dell'era Ming, *Strane storie dello studio di Liaozhai*, Hark trae spunto per l'opera più rivoluzionaria del moderno *wuxiapian* che, tuttavia, affida a Ching Siu Tung, regista sensibile più alle atmosfere magiche che ai duelli. Con *A Chinese Ghost Story* (*Storie di fantasmi cinesi*, 1987) e i suoi seguiti il *wuxiapian* subisce una brusca virata verso il fantastico.

È vero, rimangono cavalieri e spadaccine, ma l'obiettivo si focalizza sulla storia d'amore, abitualmente tra una donna fantasma e un giovane umano, e l'artifizio tecnico appare più al servizio del sovrannaturale che dell'arte marziale.

Gli unici veri film *wuxiapian* classici di Ching Siu Tung risalgono agli anni ottanta e meritano di essere ricordati. *Duel to Death* (1983) è una storia di tornei, di scuole rivali, di perfidi ninja giapponesi e coraggiosi spadaccini del Regno di Mezzo. È una vicenda di fanciulle che si travestono da uomini (e nessuno le riconosce se non in quanto si servono di uno stile di scherma femminile), di ninja che arrivano nel buio in aquilone, di duelli in volo sulle scogliere, in pratica un'esasperazione di tutti i temi del *wuxiapian* riletti in chiave fantastica, gradevole anche se priva del furore di Chang Cheh. *Terracotta Warrior* (1989) è un film più misurato e romantico, coprodotto dalla Cina Popolare e destinato a segnare il sodalizio sentimentale tra i suoi interpreti principali, Zhang Yimou e Gong Li. Alcune sequenze di spada sono memorabili, ma è il romanticismo a dominare in una storia d'amore immortale che parte dai tempi del famoso imperatore Huangdi e del suo esercito di terracotta e ci porta alla Xi'an odierna, passando per l'occupazione giapponese degli anni trenta. Si tratta di un'opera matura, equilibrata tra arti marziali e mélo, che segna il culmine di questa seconda stagione del *wuxiapian*.

È proprio Tsui Hark che suggella la fine di un'era con un film presente anche in versione italiana nelle videoteche, *The Blade,* ancora una volta ispirato all'opera del maestro Chang. *The Blade* è un film revisionista, paragonabile all'operazione che Leone fece con *Per un pugno di dollari* sul western classico. La scelta stessa di trasferire l'azione nella Cina musulmana del deserto del Taklimakan ricopre l'elegiaca bellezza dei panorami dei *wuxiapian* di una patina di polvere significativa della decadenza del filone.

Evoluzione di un genere

Il *wuxiapian* di *The Blade* è dissacratorio, violento, privo di ogni morale, eppure vi affiorano figure mitiche, l'eroe monco prima di tutte. Non c'è onore né riscatto nella vendetta, solo una cupa volontà di distruzione che le evoluzioni marziali del protagonista mutilato con una spada spezzata legata a una catena rendono affascinanti, ma non catartiche. Ma il pubblico all'epoca non comprese il senso dell'operazione, decretando un rapido declino di un genere che, come una fenice, è riemerso solo recentemente dalle sue ceneri. Dopo il tentativo pretenzioso e quasi incomprensibile di Wong Kar Wai (*Ashes of Time*, 1994), il *wuxiapian* è risorto grazie all'elettronica con un film di Andrew Lau, in altri tempi cantore della violenza giovanile: *The Stormriders* (1998), ispirato a un famoso fumetto di Hong Kong. L'operazione, benché gratificata da un grande successo internazionale, è discutibile. Il protagonista Dior Cheng, bello senz'anima dall'aspetto quasi occidentale, duella con draghi virtuali e vola senza bisogno dei cari vecchi cavi, ma non commuove né stupisce per vigore marziale. Le virtù tradizionali del *wuxiapian* e l'abilità nel combattimento non interessano più né il regista né il suo pubblico. Importa unicamente l'effetto speciale, il ritmo indiavolato ancorché privo di senso logico, lo stupore fine a se stesso di una favola che ha perduto irrimediabilmente la sua capacità di coinvolgere lo spettatore. La forsennata stimolazione del nervo ottico sembra tuttavia vincente, perché Lau replica l'operazione nel 1999, con *A Man Called Hero*, un pasticciato tentativo di riesumare il *gongfupian* e lo spirito di Bruce Lee con risultati, se mai possibile, ancor più deprimenti.

La fine di un'era? Certamente no, giacché negli ultimi anni il cinema orientale (non più solo quello di Hong Kong) ha riscoperto il piacere di raccontare storie in costume ambientate in un Oriente antico e favoloso. E il fenomeno non è limitato solo alla Cina, perché anche dalla Corea, spesso in coproduzione con Beijing, arrivano nuovi e sempre più spettacolari film. Sono pellicole di grande impatto visivo, realizzate da maestri riconosciuti del cinema quali Ang Lee (*La Tigre e il Dragone*, per fare un esempio), che svelano all'Occidente una tradizione fino a questo momento conosciuta e apprezzata solo da pochi intenditori. E persino quei talenti del cinema d'intrattenimento scoperti tardivamente da Hollywood, come John Woo, possono vantare, agli esordi di carriera, dei *wuxiapian* di valore.

The Last Hurrah for the Chivalry (*La Dernière Chevalerie* nell'edizione francese più facilmente rintracciabile) è un film poco conosciuto dell'autore di *Mission Impossible 2*, ma rimane un omaggio al suo maestro Chang Cheh, per cui fu aiuto regista, e il segno di un cinema che si è evoluto, ha conquistato Cannes ma ha perduto quegli ideali e quel vigore un po' ingenui che contraddistinguevano i suoi primi protagonisti.

La forza dei capitali americani...

Alle soglie del 2000 il cinema occidentale si accorge dell'esistenza del *wuxiapian* al di fuori dei festival e dei circoli di appassionati. *La Tigre e il Dragone* (*Crouching Tiger, Hidden Dragon*) di Ang Lee riscuote un unanime successo presso la critica e lascia a bocca aperta il pubblico medio occidentale. Un po' com'era successo un paio d'anni prima con *Matrix* dei fratelli Wachowski, che aveva rilanciato la fantascienza cyberpunk ispirata al cinema di Hong Kong, spingendo tutti a gridare al miracolo quando, invece, si trattava di una rimasticatura di tutto il cyberpunk orientale (giapponese soprattutto), da Shunya Tsukamoto (*Testuo*) a Mamuru Oshii (*Ghost in the Shell* tratto dal manga omonimo di Masamune Shirow). Okay, forse la mia opinione è troppo parziale e i due prodotti sopraccitati – nella fantascienza e nel fantasy – sono realmente buoni film, realizzati con quei mezzi che il cinema orientale non sembra per ora potersi permettere. E, in più, hanno avuto l'indubbio merito di far conoscere alle platee occidentali film e culture sinora relegate all'altro capo del mondo o in una ristretta schiera di appassionati. Permettetemi, però, una nota polemica. Ang Lee, raffinato regista di *Ragione e Sentimento*, coccolato tra critici e cinematografari occidentali, non ha "scoperto" un genere. Lo ha semplicemente adattato ai gusti e ai mezzi che la macchina produttiva occidentale gli aveva messo a disposizione. *La Tigre e il Dragone*, premesso questo, non è un film innovativo, è un omaggio al *wuxiapian* classico, e se ciò – con la scusa della ripresa delle radici culturali cinesi – serve a farci vedere film che non siano delle indigeribili... "pizze", tanto meglio. Ma non parliamo di folgori d'ispirazione...

Lo stesso vale per Zhang Yimou, anch'egli celebrato – dalla critica – autore di film come *Lanterne Rosse* e *Qi ju*, improvvisamente diventato un fan di quei racconti popolari che, probabilmente, sino a poco tempo fa aborriva quanto i suoi sostenitori ai festival. Di fatto né Ang Lee né Zhang Yimou sanno cosa significa girare una scena d'azione (nel secondo caso ne è testimonianza l'insulso *La Triade di Shanghai* con Gong Li, uscito qualche anno fa), e per dare nerbo alle loro opere si sono dovuti affidare a dei professionisti di quel cinema popolare di Hong Kong così malvisto dalla critica. Nel caso di Ang Lee la scelta è caduta su Yuen Woo Ping, che ha diretto anche i combattimenti di *Matrix*, ma che ricorderemo in seguito come regista di Jackie Chan, quando parleremo del cinema di Hong Kong. Zhang Yimou, dopo i deludenti *Keep Cool* e *Non uno di più*, ha ritrovato successo e lodi della critica con due *wuxiapian* coreografati proprio da quel Ching Siu Tung che lo aveva diretto in *Terracotta Warrior*, film di cui abbiamo già parlato e che rimane una delle pellicole di genere cavalleresco dell'era moderna meglio riusciti. Ma basta critiche.

La Tigre e il Dragone, senza dubbio un buon film, emozionante, appassionato, visivamente curatissimo, è tratto dal romanzo classico di Wang Du Lu, ma solo in parte. L'intera saga conta migliaia di pagine mentre la sceneggiatura riunisce in poco più di due ore una storia romantica e disperata sorretta da quello che Hitchcock chiamava un "McGuffin", un oggetto che tutti vogliono ma che non ha veramente importanza – in questo caso la spada Destino Verde – e da uno stuolo di attori abili nella recitazione quanto nelle arti marziali. È anche una storia di vendetta, di spadaccini volanti, di amori impossibili tra una principessa e un barbaro e tra due cavalieri erranti (un uomo e una donna) micidiali nell'uccidere ma assolutamente incapaci di esprimere i loro sentimenti. Chow Yun Fat, attore-feticcio di John Woo, è Li Mu Bai, schermidore deciso a lasciare la spada dopo l'avvelenamento del suo maestro, avvenuto tra le montagne del Wudang dove, in solitudine, si studiano i segreti mistici delle arti marziali. Una scuola che, secondo la maschilista tradizione cinese, è aperta solo agli uomini. Per tale ragione l'assassina Volpe di Giada – Ching Pei Pei, eroina di King Hu qui in ottima forma nei panni della "cattiva" – ha punito il venerabile maestro. Non solo, Volpe di Giada ha istruito segretamente una fanciulla di nobili origini, destinata a una vita da palazzo, nell'arte marziale, facendo sgorgare in lei il desiderio di una vita avventurosa, proprio come quella di Wu Shi Lien, degna epigona delle spadaccine di Hu, interpretata da una Michelle Yeoh particolarmente ispirata.

Il furto della mitica spada Destino Verde porta tutti questi personaggi e altri ancora ad amarsi e odiarsi in un groviglio di duelli, di balzi straordinari, di passioni e di morte. Obiettivamente Ang Lee non poteva fare lavoro migliore per filtrare la "sua" cultura in Occidente. E lo spettatore, una volta abituatosi all'atmosfera da favola e al fatto che grazie all'energia *qi* i protagonisti possono volare, s'immerge nelle immagini fantastiche del racconto.

Sponsorizzato da Quentin Tarantino, Zhang Yimou gioca a sua volta la carta del *wuxiapian* e lo fa con successo, affidandosi al suo innegabile estro visionario ma anche all'abilità di Yuen Woo Ping e a un manipolo di professionisti del filone tutti di Hong Kong. Con il ritorno della colonia alla Madrepatria cadono i confini ristretti che costringevano a girare al massimo a Taiwan. *Hero* è una storia ambientata all'epoca di Huangdi – sempre lui – tiranno e unificatore della Cina. Per ucciderlo ci vuole un assassino capace di colpire con precisione da dieci passi di distanza, ma per farlo questi deve dimostrarsi degno di superare tutte le barriere imposte dal sovrano uccidendo i suoi stessi complici patrioti-killer-amanti. Jet Li, astro ormai consolidato delle arti marziali, proveniente dalla Cina ma ormai noto anche in America, non è un grande attore ma è uno straordinario interprete delle arti marziali, così come Donnie Yen, suo avversario e complice in una delle scene più belle – quella del duello sotto la pioggia nella scuola di scacchi – mai girate. A sollevare il livello della recitazione senza dimenticare l'abilità marziale ci pensano Maggie Cheung e Tony Leung – attore-feticcio sia di Woo sia di Wong Kar Wai – che pure d'azione ne sanno qualcosa. E poi c'è la giovanissima Zhang ZiYi, scoperta in *La Tigre e il Dragone*, passata al successo insieme a Jackie Chan ma che qui trova la sua consacrazione. Tanto che Yimou la sceglierà come protagonista anche per il suo film successivo, *La foresta dei pugnali volanti,* un altro film cavalleresco ancor più spettacolare e visionario ambientato alla fine della dinastia Tang, tra sette di guerrieri patriottici, spadaccini e funzionari di polizia astuti e innamorati. È, sotto un certo profilo, una resa incondizionata al cinema d'azione. Se in *Hero* la divisione in quadri monocromi era l'elemento di punta di una storia a incastro che ancora aveva qualche ambizione autoriale – ambizione riuscita per la verità –, in questo secondo *wuxiapian* Yimou cede alla passione, alle arti marziali coreografate come danze che esprimono stati d'animo, citando anche in una magnifica sequenza il maestro King Hu con una straordinaria battaglia tra i bambù. Ma non basta: a sostenere gli sforzi marziali e romantici di Zhang ZiYi sono chiamati due mostri sacri del cinema di Hong Kong. Andy Lau, l'unico cantante-attore in grado di rivaleggiare oggi con la fama dell'indimenticato Bruce Lee, e Takeshi Kaneshiro, dalla figura atletica e il viso da bello e impossibile che, pur essendo giapponese, ha trovato a Hong Kong una nuova patria artistica. Entrambi, Lau e Kaneshiro, sono attori polivalenti, abituati a passare dal romanticismo all'azione e, pur non essendo degli artisti marziali "puri", sono convincenti nei ruoli d'azione. Del resto neppure la piccola dolcissima Zhang è una guerriera: studia danza, ma in questi film, diretta da sapienti coreografi, diventa micidiale come Ching Pei Pei negli anni settanta.

E persino Tsui Hark, la cui vena si era un po' appannata negli ultimi anni, è tornato a girare un film in costume, *Seven Swords*, e da un maestro della cultura popolare cinese nonché straordinario (quando ne ha voglia… considerate alcune deludenti prove negli ultimi anni) cineasta come lui arriva un'opera davvero mozzafiato, ispirata a un ciclo di romanzi *wuxiapian*. Di fatto *Seven Swords,* in cui recita in un piccolo ruolo anche Liu Chia Liang, riesce a cogliere il bersaglio del grande pubblico raccontando una vicenda con passo relativamente meno frenetico rispetto a quanto avveniva in *The Blade*, e la narrazione, soprattutto per lo spettatore occidentale, ne guadagna. Il film, il primo di una saga, che lascia numerosi spunti irrisolti rimandando a successive produzioni, ci riporta in un ambiente arido, violento, popolato da banditi mancesi tutti borchie, cuoio e tatuaggi. Persino la classica vicenda dei sette guerrieri armati di altrettante lame magiche che si riuniscono per combattere l'ingiustizia non fa pesare la sua archetipicità. È il *wuxiapian* di Hark, originale, rispetto all'immagine acquerellata di Zhang Yimou o di Ang Lee. Il suo è un cinema popolare all'eccesso, fatto di teste mozzate, di stupri, di violente passioni. Una versione che non dimentica le radici, soprattutto letterarie, cinesi, che pongono i briganti al centro di ogni eroismo, ma che non si scorda nemmeno della lezione del suo cinema più recente, quello sulle Triadi, specchio della realtà sociale e criminale di Hong Kong prima di tutto. E, sinceramente, è proprio quello che amo di più…

Capitolo 7

Briganti, libertini e femmine incantate

I fuorilegge del fiume

È venuto il momento di affrontare un'epopea – una sola? Forse sono cento o mille, tramandate a voce, nei romanzi, nei film e persino nei fumetti – cui se ne agganciano altre, tutte più o meno unite da un sottile filo fantastico al tappeto volante della cultura *wuxiapian*.

Il punto di partenza di questa nuova digressione è un famosissimo romanzo d'avventura cinese, *Shui-hu-zhuan*, tradotto con molta libertà come *Storie in riva al fiume*, *Ai bordi del fiume* ma anche come *Romanzo dei Bevitori* o, più, semplicemente, *I Briganti del Liang Shan*. Si tratta di un romanzo storico-avventuroso popolare in tutto l'Oriente – ve ne sono riduzioni coreane e almeno una famosissima giapponese, *Suikoden,* dalla quale fu tratto uno sceneggiato a puntate trasmesso anche in Italia con il titolo *La Frontiera del Drago* –, una vicenda di ampio respiro ambientata nel XII secolo, ai tempi della dinastia dei Song del Nord, divulgata in varie versioni tutte derivanti da una tradizione orale che, a seconda dei tempi, ha arricchito o snellito la trama. Una storia il cui fulcro è un gruppo di briganti che va ad aumentare sempre più, accettando nelle proprie file magistrati incorruttibili schiacciati da un potere corrotto, guerrieri disonorati, monaci incapaci di frenare le proprie pulsioni carnali ma dall'animo nobile, ladri e mariti traditi. Tutti uniti contro un governo corrotto e accomunati da quell'immagine popolare e sempre apprezzata del bandito che ruba ai ricchi per dare ai poveri. Il fuorilegge giustiziere, come Robin Hood, come Zorro: ogni cultura ha figure simili, ma la storia dei

Briganti del Liang Shan non ha veramente confini. Radunatisi nelle paludi della regione di Shandong (oggi diventato un rinomato centro per lo studio delle arti marziali), hanno alimentato fantasie e sogni di rivalsa del popolino per secoli.

Il legame con il *wuxiapian* è doppio: non solo si tratta di avventure violente, in cui si parla con disinvoltura delle diciotto arti marziali fondamentali e di duelli all'arma bianca, ma il cinema se ne è più volte appropriato cogliendo da una tradizione vastissima personaggi e avvenimenti riletti secondo lo stile di ogni singolo regista.

La Légende du Lac (titolo francese preso dalla migliore versione in circolazione) di Chang Cheh ne è un esempio: un film d'arti marziali, in costume, fedele al romanzo solo dove il suo autore lo riteneva necessario, rappresenta una delle mille versioni di un racconto corale, fatto di uomini, di soprusi, di donne infedeli e di vendette, che di volta in volta anche il potere politico cinese ha considerato rivoluzionario, revisionista, patriottico e, infine, patrimonio di una cultura che è un po' quella di tutta la Cina. Oggi vi s'ispirano fumetti, sceneggiati TV; sono davvero pochi in Cina a non conoscere almeno vagamente le linee guida della vicenda. In Europa la versione forse più famosa è quella tradotta e adattata dalla Pléiade francese, che servì come base per l'edizione, ormai rarissima, pubblicata da Garzanti. Oggi la casa editrice d'oltralpe Folio, specializzata tra l'altro nel recupero di romanzi classici cinesi, ne propone una copiosa versione in due volumi, opera dello scrittore Shi Naian, che ha riscritto e riadattato gran parte del materiale già esistente per dar corpo a un'edizione definitiva.

Un maestro ispiratore

Per quel che mi riguarda l'incontro con l'epopea dei *Briganti* ha una radice diversa, anche se i miei interessi in tal senso mi hanno riportato sulle tracce dell'originale. Lessi una prima riduzione a fumetti della storia nel 1977; uscì in un album unico, incompleta ma caratterizzata dallo stile di un artista che ha segnato la mia formazione, Roberto Raviola, Magnus, che per me allora era "solo" il disegnatore di *Alan Ford*, di *Kriminal*, *Satanik* e, soprattutto, dello *Sconosciuto*, un personaggio che forse più di ogni altro avrebbe influenzato la mia carriera di scrittore.

Di Magnus, del suo modo di vedere l'Asia, l'erotismo, la stessa saga dei *Briganti*, parleremo in seguito. Roberto ci ha lasciati, quasi dieci anni fa; merita un ricordo particolare che mi porto anche qui a Hong Kong, non poche righe affrettate. Per il momento posso solo dire che io, ragazzino appassionato superficialmente di arti marziali e cultura orientale, scoprii nelle sue tavole, che pure distorcevano e adattavano il romanzo originale, un mondo nuovo, una capacità di mescolare i generi che mi rimase impressa per sempre.

Negli anni la ricerca della fonte originaria della storia dei *Briganti* mi ha ossessionato, tanto da spingermi a cercarne un'edizione inglese in una fornitissima libreria a due passi dal mio albergo in una trasversale di Nathan Road, e di acquistare nel quartiere orientale di Amsterdam un costoso ma prezioso volume di illustrazioni del maestro Kuneyoshi, che interpretava la saga secondo la versione giapponese, il *Suikoden,* dando volto e corpo a tutti gli eroi con splendide stampe. Sinceramente trovo l'edizione francese la più completa e accessibile al pubblico occidentale, che ha anche modo di conoscerne la genesi in una ben documentata introduzione.

I Briganti del Liang Shan

Se si cerca negli annali storici della Cina si scopre che sul finire della dinastia dei Song del Nord (durata dal 960 al 1127), e precisamente durante il regno dello sfortunato imperatore Huizhong, più dotato per le arti e la poesia che per il comando, le invasioni dal Nord portarono alla caduta della capitale orientale Bian-Liang e a un nuovo corrotto regime. Qui – visto che la storia la scrivono sempre i vincitori – si parla di un tale Song Jiang, generale dei Song, che tradito dalla moglie e dai colleghi è costretto a fuggire dalle prigioni e a unirsi a quegli stessi banditi cui aveva dato la caccia per anni. Sulle paludose sponde dello Shandong (da qui l'allusione del titolo *Storie in riva al fiume*), Song Jiang raccolse a poco a poco un vero esercito chiamando a sé monaci, magistrati caduti in disgrazia, persino guerrieri formidabili come la Iena dal Volto Livido, vittima di congiure di palazzo ma abilissimo in ogni forma d'arte marziale. Song Jiang, con il suo esercito raffazzonato di crapuloni, guerrieri e gente d'ogni sorta (e qui si potrebbe arguire che la traduzione del titolo come romanzo "dei Bevitori" abbia qualche ragion d'essere), riconquistò persino la capitale, seppure per breve tempo, e stabilì un'imprendibile fortezza sul monte Liang Shan.

Non si sa realmente cosa accadde dei briganti e del loro capo. Secondo alcune versioni alla fine vennero a patti col potere e diventarono una sorta di "forza speciale" contro altri banditi. Di fatto tutte le avventure dei Briganti del Liang Shan cominciarono a diventare popolari nella versione tramandata oralmente durante l'era dei Song del Sud, tra il XII e il XIII secolo; da quel momento in avanti l'epopea ebbe varie versioni, più o meno lunghe, alcune terminanti con la resa – o la morte – del mitico comandante, altre protratte per diversi decenni.

Di fatto *I Briganti* è una storia corale anche nella versione scritta di Shi Nai-an. Come spesso accade nei romanzi storici cinesi non c'è una trama uniforme, ma un intrecciarsi di personaggi, sottostorie, uomini e donne che s'incontrano, aggiungono la propria vicenda a quelle degli altri e poi se ne discostano. Di sicuro l'edizione più moderna, che elimina diversi capitoli ma ne reintegra altri abbandonati, è quella più leggibile, più facilmente comprensibile anche per il pubblico occidentale.

La versione di Magnus fu realizzata per l'editore Barbieri, specializzato in fumetti porno; il prolifico disegnatore bolognese vi approdò dopo la rottura con Max Bunker (al secolo Luciano Secchi), con il quale aveva realizzato il successo dei "fumetti neri" e creato *Alan Ford*, un mix unico di thriller e comicità ancora oggi insuperato. Di certo per Magnus fu un momento difficile ma anche uno stimolo creativo. Barbieri gli imponeva fumetti erotici (che poi risultarono piccoli capolavori, come *Sette cavalieri e un mago*, *Una notte al collegio fem-*

minile, la serie *Necron*), ma gli lasciava anche la libertà di seguire altre strade, sperimentare. E *I Briganti*, proprio come lo *Sconosciuto*, raggiunse risultati eccellenti. Nel primo caso fu lo stimolo per Magnus ad avvicinarsi a un Oriente sofisticato e per lui ancora ignoto. In un'intervista dell'epoca (*I Briganti* doveva essere una saga inserita in una rivista a fumetti con vari personaggi e tematiche, *Cross*, che non si fece mai), Magnus raccontava di aver letto parte del racconto originale ma di non saper nulla sulla Cina. Lui, così meticoloso nelle ricerche, si sarebbe rifatto anni dopo, riprendendo la serie per *Comic Art* – dal 1987 al 1989 – e spingendosi a esplorare altri romanzi classici cinesi, a dar vita a un erotismo raffinato che fondeva la sua natura sanguigna e romagnola con la sottile perversione di romanzi come *Il tappeto da preghiera di carne*, da cui fu poi tratto il famoso film *Sex and Zen*, arrivato anche in Italia.

Le femmine incantate del *Ching Ping Mei*

A quell'epoca, però, Magnus dovette accontentarsi di un altro espediente. Prese il nucleo della storia inserendolo in un universo costruito con mille riferimenti alla "sua" cultura fumettistica. Ne uscì un'opera di fantascienza, una rivisitazione che strizza l'occhio ad Alex Raymond e a *Flash Gordon*, ma dove si ritrovano tante altre suggestioni. Scimitarre salgariane, pellerossa di Cooper, tricorni e navi pirata che rimandano alla tradizione di Stevenson e a quelle tracce di erotismo che Roberto portava con sé dai tempi di *Satanik*, sviluppato probabilmente nella collaborazione con Barbieri ma certo raffinato nello studio successivo di altri capolavori erotici cinesi che, a poco a poco, diventarono un segno caratteristico del suo stile, sino alle *Femmine Incantate*, opera ispirata ad alcuni racconti del già citato *Strane storie dello studio di Liaozhai*, e al suo capolavoro erotico le *110 Pillole*, vicenda tragica di libertinaggio anch'essa tratta da un classico della letteratura cinese, il *Ching Ping Mei*. Insomma, un percorso d'autore al quale mi sento molto vicino. Fu la scoperta di un mondo, di una cultura, partendo da una vicenda popolare per approdare a classici letterari.

Ho incontrato Roberto una sola volta, negli uffici della Bonelli, all'inizio degli anni novanta. Forse era già malato, un omettino calvo, coi baffoni, simpaticissimo. Veniva a scusarsi (lui che era un maestro) con l'editore per l'ennesimo ritardo nella realizzazione di quel Texone (*La valle del terrore*) che, in verità, forse non fu lui a completare e che uscì nel 1996, a pochi giorni dalla sua morte. Ci salutammo. Io ero uno sconosciuto autore di fumetti per la Granata press di Bologna, con la quale lui collaborava con entusiasmo per realizzare *Il principe nel suo giardino*, raccolta di disegni erotici ispirati all'Oriente che ritardavano il completamento di *Tex*. Avevamo un amico in comune, Roberto Ghiddi della Granata appunto, che forse gli aveva parlato di me. Magnus fu molto simpatico, parlò dei tempi che passano, dei vecchi che devono lasciare la strada ai giovani. Mi sembrò un uomo estremamente buono e un po' triste. Di certo la sua passione per l'erotismo orientale mi contagiò come avevano fatto altre sue opere e, negli anni a venire, arricchendo il suo percorso con il mio, ho inserito numerose delle suggestioni attinte dal suo lavoro nei miei romanzi.

Di fatto non ha importanza sapere se *Tex - La valle del terrore* fu completamente opera sua o se l'allievo Giovanni Romanini realizzò ben più che qualche china dei cavalli. È una storia di Tex, certo lo si vede dalla sceneggiatura di Nizzi, ma Magnus riuscì a inserirvi l'Oriente, con i suoi personaggi tatuati, le donne pericolose e irresistibili delle sue opere migliori.

Capitolo 8

Ombre Elettriche e acque cristalline

Hollywood a Oriente

Il cinema è sogno, un'emozione che si vive immergendosi in esistenze altrui per lo spazio di uno spettacolo, un tempo sospeso dove ci si dimentica perfino della propria identità, o forse la si porta appresso, ma in un angolo nascosto, pronta a fonderla con i protagonisti della storia che anima il grande schermo di una sala buia.

Nel 2005 la Mostra del Cinema di Venezia ha celebrato con una rassegna e un magnifico volume la cinematografia cinese (*Ombre Elettriche - 100 anni di cinema cinese* a cura di Marco Muller ed Elena Polacchi), e di certo si è trattato di una iniziativa lodevole quanto il Far East Film Festival di Udine che, da quasi dieci anni, ha aperto i suoi teatri alla produzione popolare cinematografica asiatica con panoramiche, incontri e scoperte sino a pochi anni fa impensate per gli appassionati occidentali.

Il cinema di Hong Kong, per me almeno, ha però un diverso significato e un valore a parte, al di là di quanto possano testimoniare premi della critica e dotte panoramiche. Più volte, sin dalla prima passeggiata lungo Nathan Road, abbiamo incontrato le grandi sale dove si raccoglie il popolino, e ogni vicolo, ogni tempio o foresta di bambù di Hong Kong vanta una o più pellicole che ne hanno celebrato storie fantastiche, drammatiche, comiche. Il cinema, insieme alla narrativa scritta e alla leggenda, è stato il collante che mi ha permesso di unire il pellegrinaggio fisico nei luoghi alla fantasia, al sogno coltivato sin da quando a Hong Kong fantasticavo solamente di arrivare. Il cinema è la magica macchina che accomuna moderni gangster, donne e uomini comuni trascinati da passioni straordinarie a spadaccini, concubine, maghi.

Se, stanchi della confusione dell'isola o delle vie commerciali di Tsim Sha Tsui, desiderate prendervi una giornata di svago, concedetevi una gita nei Nuovi Territori sino alla baia di Clearwater.

Si tratta per lo più di insenature, spiagge isolate circondate da cortine verdeggianti, scogliere frastagliate sotto l'amministrazione dell'Hong Kong Nature's Park, in grado di offrire svago e motivo d'interesse agli appassionati della natura quanto del colore locale della Cina tradizionale. Ma non è solo per respirare l'aria un po' meno inquinata delle calette o ammirare il tempio di Tin Hau (uno dei tanti, come non dubitarne... La dea del mare merita ogni rispetto e attenzione in un paese dove si viveva di navigazione e i tifoni arrivano puntuali e devastanti più volte l'anno): a Clearwater Bay troverete uno scenario inaspettato che schiude una soglia su un mondo favoloso.

Se proseguite in auto o in taxi lungo la Clearwater Bay Road vi ritroverete presto circondati da colline verdeggianti dalle quali spuntano come funghi armoniose magioni che abbinano lusso e stile tradizionale secondo le ferree leggi della geomanzia, il feng shui. Sono le ville dei divi e dei produttori del cinema locale. Una piccola Beverly Hills che, proseguendo, lascia strada allo Shaw Brothers Movie Town, l'equivalente degli studios hollywoodiani e della Old Tucson, costruita in Arizona per girare i film western degli anni d'oro.

Mentre il moderno cinema gangsteristico viene girato quasi tutto per le strade, in città, tra la gente di cui racconta le peripezie, qui regna un'atmosfera fatata che ci riporta al *wuxiapian* e alle leggende letterarie e orali perpetuate dall'Opera cinese.

Il cinema è sogno e gli eroi ne sono i protagonisti, ma quello di Hong Kong racconta anche la storia di coloro che ci hanno lavorato. Leggende che parlano di lusso, di fortune, di sesso e di morte, proprio come nella migliore tradizione di Hollywood. Forse anche di più, perché qui il divismo rasenta l'idolatria, e il fantastico, il senso del mistero sono sempre pronti a emergere nei film quanto nelle vicende reali dei suoi protagonisti.

Tre fratelli che conquistarono l'Asia

La Shaw Brothers è stata per decenni un pilastro di tutta la cinematografia cinese e orientale, non solo per quantità di film realizzati ma anche per il numero di sale dislocate in ogni comunità asiatica e per la legge del profitto esasperata sino alle estreme conseguenze che ha imposto a tutte le sue produzioni.

Al di là di ogni mostra organizzata da critici paludati, di ogni premio assegnato alla miglior regia, la Shaw Brothers *è* il cinema di Hong Kong nella sua versione più popolare e amata.

Il villaggio medievale con locande, templi, scuole di arti marziali, officine e padiglioni ha ospitato migliaia di film e, ancora alla fine degli anni ottanta, ferveva di attività. Al venerdì sera vi si svolgevano feste esclusive per la presentazione degli ultimi successi, proposti in anteprima a sopiti facoltosi. Era un mondo dorato dove tutti erano belli, ricchi, spregiudicati. E di giorno c'erano migliaia di maestranze al lavoro, attori, maestri d'arme, registi, tecnici della luce e del suono… un alveare brulicante di attività.

Oggi la SB resta un marchio mitico, ma ha ridotto le sue produzioni alla televisione. È possibile visitare il villaggio, mantenuto in gran parte come attrazione turistica, telefonando agli appositi studi della società di produzione. Io lo feci nel 1995, in occasione delle ricerche svolte per il mio libro sul cinema di arti marziali, quando la Shaw stava tentando un ritorno alla produzione per il grande schermo ma era ormai inevitabilmente indirizzata verso la realizzazione di sceneggiati televisivi. Ancora volteggiavano spadaccini e concubine dalle lunghe maniche di seta color pastello, ma gran parte della magia dei vecchi *wuxiapian* andava scomparendo. Oggi, con il ritorno alla Madrepatria, le saghe che esportano in tutto il mondo la leggenda del cinema cavalleresco cinese si girano nei deserti del Taklimakan, tra le favolose formazioni di roccia verdeggianti che spuntano sui laghi a Guilin, e non c'è più bisogno di cercare spazi sconfinati a Taiwan.

Malgrado il declino che, inevitabilmente, si accompagna a un luogo dove la creatività ha infiammato anime e cuori quando si trasforma in una specie di museo dei ricordi, la grandiosità di questo pezzetto di Cina mitica incastonato tra baie e acque cristalline riesce a evocare le Ombre Elettriche.

Ma, ancor prima dei divi della finzione, questo posto richiama alla mente i destini altrettanto spettacolari dei veri protagonisti del cinema locale, dei loro successi, delle difficoltà che hanno affrontato e superato, dei loro eccessi e del fato che, con una sospetta teatralità, se li è portati via. Ricordarne alcuni mi permette di compiere un altro passo nell'esplorazione di quell'universo di sogno che sono venuto a cercare, e di scovare le ragioni per cui tali avventure sono rimaste così impresse nella mia fantasia.

Abbiamo parlato delle feste grandiose, degne dei *tycoons* hollywoodiani, che si tenevano il venerdì sera presso il salone dei ricevimenti, con tanto di cinema annesso, di una delle più maestose ville della baia. È in tale dimora che ancora oggi si celebra la lunghissima esistenza e il *joss* di uno degli uomini più potenti e ricchi di talento di tutto l'Oriente. Una leggenda per il cinema stesso, sir Run Run Shaw, "padrino" e sovrano delle Ombre Elettriche.

Nato a Shanghai nel 1907 e ancora vivo al momento in cui sto scrivendo queste pagine, Run Run Shaw non solo è stato l'anima della sua società di produzione, ma di tutto il cinema di Hong Kong in Asia e in Occidente.

Sappiamo che il cinema cinese nasce negli anni venti a Shanghai e comincia subito a muovere i primi passi ispirandosi al *wuxiapian* e alla tradizione marziale. Ed è proprio a Shanghai che quattro fratelli, Shao Yi Fu, Shao Zuiwing, Shao Cunren e Shao Runmei, figli di un imprenditore tessile, decidono di dar vita al loro sogno, scrivendo, producendo e girando i primi film muti e in bianco e nero della storia del cinema cinese. Nel 1924 fondano la Tianjin Film Co e riscuotono immediatamente un enorme successo sul mercato locale. Tanto che nel 1928 Runmei, intuendo forse che comunisti e nazionalisti detestano il genere popolare cavalleresco da lui così amato, si sposta a Singapore, dove Yi Fu lo raggiunge. Da questo momento le fortune della famiglia crescono continuamente. Vengono ampliati gli studi di produzione e, soprattutto, in ogni comunità cinese in Asia sorgono cinema in cui si proiettano i lavori della Tianjin.

Gli investitori di Singapore sono così soddisfatti da attribuire nomi di assonanza malese e onorificenze ai due fratelli, che diventano così Rumne e Run Run Shaw, quest'ultimo destinato a diventare una figura mitica nella società di produzione. Arrivano i durissimi tempi della guerra, a cui segue la rinascita economica di Hong Kong, dove la Tianjin trasferisce in parte i suoi affari nel 1950, affidando la direzione della società, rinominata Shaw & Sons, a Shao Cunren, diventato Rundè Shaw.

Presto altre società nascono come funghi, alcune finanziate dai comunisti, come la famosa Great Wall, altre da piccoli investitori, altre ancora dalle Triadi. Così, nel 1958, Run Run si trasferisce nella colonia per prendere saldamente in pugno le redini della situazione e fonda la Shaw Brothers. L'impresa familiare aveva già dato prova di lungimiranza con il lanciare, accanto a tutti gli altri generi già noti del cinema cinese, anche il *gongfupian*, andando a riesumare un eroe popolare vissuto sino al 1924, Wong Fei Hung, e affidandone l'interpretazione a un vero maestro di kung fu esperto nello stile dell'Airone Bianco di provenienza tibetana.

Kwan Tak Hing è il primo e più famoso Wong Fei Hung. Escono nel giro di pochi anni quasi cento film sulle avventure dell'eroe, che rimarrà abbinato al suo interprete nella versione eroica e priva di ambiguità che solo il cinema avventuroso riesce a dare a personaggi storici dal passato quantomeno nebuloso, anche se in seguito saranno Jackie Chan e Jet Li a riproporne l'immagine, naturalmente a modo loro, ma rispettosi di una tradizione che il pubblico si è abituato ad amare.

I re del kung fu

Nasce in tal modo il primo cinema di kung fu, anche se le coreografie sono ancora rozze e le figure del maestro d'armi (quali saranno Liu Chia Liang e Sammo Hung negli anni settanta-ottanta e in seguito Yuen Woo Ping, diventato famoso in America per le coreografie della *Tigre e il Dragone* e di *Matrix*) rimangono in secondo piano.

La Shaw Brothers vivrà momenti fortunatissimi accogliendo sotto la propria ala registi come King Hu, Chang Cheh e il giovane John Woo. In particolare Liu Chia Liang, un autentico maestro di arti marziali, saprà far evolvere il genere nato per soppiantare il *wuxiapian* in una forma di spettacolo sofisticato, dominato da riprese in campo lungo dove, più che la storia, la platea cerca l'esecuzione perfetta di stili veri di combattimento: da qui le riprese quasi in piano-sequenza.

Soprattutto viene rilanciata la leggenda di Shaolin con la creazione di una mitologia tutta nuova a metà tra il classico e il moderno. Gordon Liu, ripreso oggi da Tarantino addirittura per due parti nel suo *Kill Bill*, è un parente di Liu Chia Liang, che lo dirige nella trilogia delle *36 camere di Shaolin* e in molteplici altri film.

Ma negli anni settanta nasce anche il fenomeno Bruce Lee, che sarebbe restrittivo limitare al cinema marziale. Bruce Lee è stato e ancora è una figura di riferimento unica per la cultura popolare cinese e di Hong Kong. È il simbolo di una rivalsa contro il resto del mondo asiatico e contro l'Occidente, è l'uomo che ce l'ha fatta con la forza di volontà, l'eroe punito da una morte prematura che ancora oggi tutti amano e ricordano. Le sue potenzialità sono evidenti sin da principio, ma è un dirigente della Shaw Brothers ad accorgersene, Raymond Chow, futuro fondatore della Golden Harvest che, giocando sulle mode giovanili e puntando sulla sua star, diventerà la più agguerrita società rivale della Shaw. Questa proseguirà il suo cammino imperterrita sino agli anni novanta, quando la produzione di film passa di mano a società più agili come la Golden Princess e la Film Workshop di Tsui Hark, e la Golden Harvest si è ormai fatta così potente – grazie anche a un'altra stella, Jackie Chan – da non ammettere rivali. La Shaw diventa così una società di produzione televisiva, con qualche raro e poco riuscito tentativo di rientrare nel giro del cinema.

Resta però un mito anche per noi occidentali, che negli anni d'oro del kung fu ne abbiamo visti, magari senza rendercene conto, i capolavori più riusciti, forse mescolati a film di poco valore, realizzati a Taiwan e spacciati per produzione di Hong Kong. Oggi gran parte del patrimonio cinematografico della Shaw ha trovato nelle rimasterizzazioni DVD e nel lavoro di società soprattutto francesi e inglesi tutto il suo splendore. E pensare che sino a pochi anni fa la società cinematografica di Hong Kong non teneva neppure un archivio delle pellicole... Ciò che è rimasto lo si deve a collezioni private dalle quali è stato possibile restaurare e ridigitalizzare i master. Oggi possiamo rivedere capolavori perduti come *Intimate Confessions of a Chinese Courtesan* o *Vengeance*, film della fine degli anni settanta, nei loro colori originali grazie alla tecnica del riversamento su supporto digitale.

Per chi volesse fare un tuffo nel passato ricercare e vedere questi film, a volte un po' ingenui, magari anche lenti sotto il profilo dell'azione e certamente un po' difficili da seguire perché sono solo in mandarino sottotitolato in inglese o francese, è un piccolo sacrificio che vale la pena di compiere.

Hong Kong Babilonia...

Il mondo del cinema è sempre stato legato al pettegolezzo e allo scandalo, nati dal contatto diretto con la "bella" e la "mala" vita, e l'industria cinematografica dell'ex colonia britannica non fa eccezione.

Dalla fine della seconda guerra mondiale in avanti, con la rinascita del cinema, le Triadi hanno pesantemente influenzato il settore per svariati motivi, non dissimili da quelli che a Hollywood legavano nomi come quelli di Johnny Stompanato a Lana Turner e di Frank Sinatra a personaggi di dubbia reputazione. Il mondo dello spettacolo e le sue star sono, per la gente comune quanto per i gangster, un traguardo, un mezzo per assaporare un poco quei sogni che vivono sul grande schermo. E il mondo del crimine, i suoi soldi, d'altro canto, agiscono come una calamita su attori e produttori. Il rapporto è ambiguo e bivalente, non molto diverso da quello descritto nel celebre *Padrino* di Coppola tra l'attore emergente ma dalla reputazione rovinata Johnny Fontaine, don Vito Corleone e il produttore recalcitrante.

L'industria del cinema, soprattutto le piccole società di produzione che lavorano a ritmo continuo realizzando magari in poche settimane film di scarsa qualità ma esportati in ogni comunità asiatica, è al tempo stesso un canale molto comodo per il riciclaggio e un veicolo per promuovere un'immagine del gangster romantica, che gratifica il malavitoso. Le grosse società come la Shaw Brothers e la Golden Harvest e le star di enorme successo quali Jackie Chan non hanno mai corso questo genere di pericoli. Primo, perché una grande società realizza film lunghi e costosi, e i gangster vogliono soldi in fretta. Secondo, perché Jackie Chan è sempre stato molto attento alle sue amicizie e alle sue frequentazioni. In una città piccola come Hong Kong farsi vedere a un party con un gangster significa per un attore sottoscrivere una sorta di vincolo. Il giorno dopo i tabloid della città cominceranno a sparlare raccontando che quella star ha accettato di apparire nel film di quel tale produttore legato alla mafia, oppure l'agente riceverà la classica proposta che non si può rifiutare…

Ma non tutti sono stati così accorti o fortunati come Jackie Chan.

Anni fa parlando con Simon Yam, ospite al festival di Udine, un attore di ottimo livello presente anche in diverse produzioni occidentali e specializzato in ruoli di gangster "d'onore", ho appreso che spesso piccole società gestite da gangster diventano impossibili da evitare. Lo stesso Simon, che è un attore di buon calibro nello stardom hongkonghese, raccontava come, in verità, spesso avrebbe preferito recitare in film romantici, ma "gli amici" gli chiedevano di impersonare l'eroico membro della Triade che combatte contro i banditi cattivi (di solito giapponesi o europei) e la polizia corrotta. E quando "gli amici" chiedono questo genere di favori, è difficile rifiutare…

Ammettiamolo, John Woo ha contribuito a creare, soprattutto con la serie *A Better Tomorrow*, *Just Heroes* e *A Bullet in the Head*, un'immagine elegante e ricca di stile che – benché nata con finalità esclusivamente artistiche – è piaciuta subito ai gangster locali. Prima che Chow Yun Fat diventasse un'icona in grado di influenzare anche il cinema americano, nessun membro delle Triadi indossava abiti Armani, lunghi spolverini di seta e girava con lo stecchino tra i denti. In seguito a *A Better Tomorrow* e ai suoi epigoni i gangster locali hanno cominciato a vestirsi e a comportarsi come Chow e, ovviamente, a insistere perché si producessero decine di piccoli film fotocopia dove il delinquente diventava irrimediabilmente una sorta di Robin Hood.

Ma ad alcuni è andata anche peggio. Amy Yip, formosissima attrice del cosiddetto Category III (di cui in Italia conosciamo *Sex and Zen* e i suoi seguiti), ha vissuto momenti di autentica popolarità alla metà degli anni novanta, tanto da assicurare il proprio seno – della misura davvero inconsueta per un'orientale – contro ogni rischio di danneggiamento o... restrizione nel tempo. Il fatto che la bella Amy fosse coinvolta in diverse burrascose storie da giornale scandalistico e girasse film osé non significava che poi il suo lavoro sconfinasse nel vero e proprio hard-core. La pruriginosa censura hongkonghese, ispirata ai modelli britannici, non permetteva che ci si spingesse troppo in là. Ma la stessa Amy, a qualche anno dal suo ritiro dalle scene, confessa di essere stata costretta dalle Triadi a girare alcuni film con scene di nudo integrale che l'hanno bollata, anche presso il pubblico, come "scostumata", bloccandole ogni possibilità di carriera fuori dal Category III, che rappresenta il gradino più basso e vicino al porno vero e proprio, oggi come dieci anni fa.

La mitologia ha tratto ampia ispirazione dalla fine di Bruce Lee, ma di questo parlerò separatamente. Bruce Lee è ancora oggi un'icona di Hong Kong, del suo cinema e delle arti marziali: poche righe di colore non sono sufficienti a comprenderlo e quindi ci tornerò in un prossimo capitolo. Basti sapere che, nel luglio del 1973, anno della sua morte avvenuta a casa della discussa attrice Betty Ting Pei e definita dall'inchiesta successiva "morte accidentale" – più o meno come quella di Lady

Diana... – Bruce era popolarissimo e conteso. L'attrice, con cui forse aveva una relazione, o forse no, era anche la moglie di Charles Heung, al secolo Heung Wah-keung, della società di produzione Win's Group nonché noto gangster...

Il caso più eclatante degli ultimi decenni riguarda però un altro personaggio emblematico dello spettacolo non solo cinematografico di Hong Kong. Anita Mui.

La Divina di Hong Kong

Ho scoperto Anita Mui all'inizio degli anni novanta vedendo *A Better Tomorrow III* diretto da Tsui Hark, produttore e figura carismatica del cinema locale. Lo strappo tra Hark e Woo avvenne proprio a causa della Mui, ma per motivi professionali. I due registi hanno condiviso diverse visioni artistiche, ma hanno anche personalità molto differenti: Woo è sempre stato più duttile e questo forse gli ha permesso di far carriera in America, Hark invece ha una personalità più dispotica, forse addirittura più geniale, eccessiva. Mentre il cinema di Woo è misogino nella tradizione di quello del suo maestro Chang Cheh, Hark ha sempre amato le storie di donne. *A Better Tomorrow III - Love and Death in Saigon* introduceva nel prequel dei due precedenti film la figura di Kim, una donna-bandito che diventava la "maestra", e l'interesse sentimentale nutrito nei suoi confronti da Mark-Gor, il personaggio interpretato da Chow Yun Fat, l'eroe dei due episodi principali. La centralità del personaggio di Kim portò Woo ad abbandonare il progetto e Hark a dirigerlo, devo dire, con buon occhio.

Anita Mui, piccola, con occhi grandi e magnetici, labbra piene e sguardo torbido, si rivelò oltre a un'ottima attrice anche una perfetta interprete di ruoli d'azione. Per me vederla in quel film, sentirla cantare la sua versione della canzone *A Better Tomorrow* eseguita precedentemente da Leslie Cheung, fu ispirazione per alcuni dei miei personaggi letterari più riusciti.

Anita Mui, nata nel 1963 e morta di cancro a quarant'anni nel 2003 – proprio intorno a Capodanno, quando mi trovavo nella città e vidi le edicole invase dai tabloid che le tributavano l'ultimo saluto – è stato un personaggio centrale dello stardom di Hong Kong. Spregiudicata nella vita sentimentale (tra gli altri è stata amante anche di Jackie Chan), cantante trasgressiva al punto da strapparsi il costume di dosso e allacciarsi con i ballerini in torride coreografie, si era guadagnata il soprannome di "Madonna di Hong Kong" con riferimento alla più famosa collega americana. Proveniente dai palcoscenici dei night club, Anita si era già costruita una solida carriera come pop singer quando esordì nel film *Rouge* di Stanley Kwan, una delicata storia psicologica di fantasmi, ma rivelò tutto il suo talento per la commedia e il film d'azione apparendo in film di Johnnie To e altri autori di fama.

Nel 1992 fu protagonista di quello che venne poi definito in tutti i giornali di pettegolezzi "l'incidente", avvenuto in un night-karaoke di Kowloon. Anita, già nota per il suo comportamento trasgressivo, gli amori discussi, i ritardi sul set e le frequentazioni non sempre raccomandabili, stava festeggiando il compleanno in un night di Kowloon forse non troppo onesto. Come avremo modo di vedere nelle future escursioni nella vita notturna della città, i night in Asia sono abbastanza diversi rispetto a quelli cui siamo abituati. Di solito sono divisi in sale separate, affittate da gruppi di amici e isolati dal resto della clientela. È un particolare che noterete facilmente in quasi tutti i film di gangster dove ci siano scene nei night. Disgraziatamente quella sera, nello stesso club ma in un'altra sala, era presente un certo Wong Long-wai, noto gangster del 14K, personaggio da non sottovalutarsi in quanto capo della famigerata Triade affiliata chiamata Hunan gang. La specialità della Hunan gang erano i furti in villa, una variante delle rapine nelle case dei ricchi che avvengono anche nel nostro paese, furti che potevano protrarsi anche per dieci, dodici ore, durante le quali una squadra di picchiatori teneva sotto sequestro intere famiglie, violentando le donne, rubando tutto ciò che poteva, facendo uso di droghe, fracassando ogni cosa e, non di rado, uccidendo scomodi testimoni. Wong era anche padrone di una società di produzione e, saputo della presenza di Anita, la invitò a bere un bicchiere nella sua sala privata, probabilmente con la speranza di innescare quel meccanismo, misto di gossip e intimidazione, per poterla avere in un film della sua società. Anita Mui, che aveva intuito il suo gioco, rifiutò l'offerta ma – secondo il suo stile – in maniera estremamente eclatante, rispondendogli in inglese. Per un Capo della Collina di una Triade tradizionale era una doppia offesa. Irritato, Wong le intimò di rispondergli in cantonese perché altrimenti lui non capiva. Con ammirabile controllo di sé Anita mantenne la calma e replicò con un «*so what?*» (e allora?), beccandosi un ceffone dal malavitoso.

Il problema era il "presunto" boyfriend del momento di Anita. Si trattava di Andely Chan, corridore automobilistico ma anche Palo Rosso di un'altra Triade e noto come la Tigre. Pochi giorni dopo, uscendo da un ristorante Wong fu avvicinato da Andely Chan e si beccò una pugnalata. Ricoverato in ospedale, fu assassinato da un sicario introdottosi nell'edificio. Anita Mui, per prudenza, partì immediatamente da Hong Kong per una tournée in Giappone dalla quale sarebbe tornata solo diversi anni dopo. Nel frattempo Andely Chan, vincitore del gran premio di Macao nella sua categoria, fu ucciso a pistolettate...

Ultima nota di colore riguardante Anita Mui e "l'incidente". Anita, nel 1996, tornò a Hong Kong per riprendere la sua carriera di cantante e attrice. Durante le prove del suo primo spettacolo si ruppe un'impalcatura e la diva si fratturò una gamba...

Voglio una vita come le star...

Qualche anno dopo Anita si trovò coinvolta nella produzione del film *My Father is a Hero* con Jet Li, considerato anche in Occidente il vero erede di Bruce Lee nel cinema marziale. Originario della Cina Popolare, Li passò una serie di guai soprattutto a causa di un procuratore della Madrepatria come lui, tale Choi, già produttore di un film uscito anche in Italia, *Shanghai 1920,* con John Lone. Choi era un personaggio poco pulito, con diversi legami sia con le Triadi di Hong Kong sia con la malavita della Madrepatria. Riuscì a far liberare Jet Li da un contratto capestro, ma anche lui fece una brutta fine. Non è forse un caso se Li e Anita Mui si ritrovarono a lavorare nello stesso film, soprattutto perché *My Father is a Hero* fu prodotto dalla Win's Group, la società di Charles Heung di cui abbiamo già parlato e di suo fratello Heung Chin Ho, sospettato di essere un Capo della Collina della Triade Son Yee Oh.

E così tra avventure, pettegolezzi, morti tragiche come quella di Alexander Fu Sheng, avvenuta nei primi anni ottanta in un incidente d'auto sulle strade del Peak, e il suicidio apparentemente inspiegabile del cantante-attore Leslie Cheung in qualche modo prefigurato nel suo penultimo film, *Double Tap* (che con un po' di fortuna si può reperire anche in DVD in italiano), il cinema di Hong Kong ha avuto la sua fetta di ambigua celebrità intrecciando le sue vicende con quelle dei gangster che l'hanno frequentato.

A conclusione di tutto ciò non si può comunque scordare il viso di Anita Mui che, tra tanti eroi dannati e violenti, è stata una vera diva nel senso hollywoodiano del termine. Anita si è spenta il 30 dicembre 2003, ma rimane un mito capace di commuovere ancora oggi con le note di una canzone o uno dei suoi sguardi tristi immortalati nelle foto di scena, che si possono acquistare nei negozi di memorabilia e al *Planet Hollywood,* locale a Victoria di proprietà di Jackie Chan.

Capitolo 9

Una notte a Mong Kok

Il cinema delle Triadi

Non è stata solo la malavita a influire sul cinema ma, come in ogni cinematografia, sono nati filoni che hanno sfruttato vicende di violenza e onore prese dalle strade per creare successi che hanno intrattenuto milioni di persone.

E, dopo esserci occupati di storie vere, sarebbe fare un torto al cinema di Hong Kong non parlare del suo filone noir e poliziesco, anche perché è stato grazie a questo (e non ai film di kung fu) che il mondo si è accorto dell'industria cinematografica nell'ex colonia. Attraverso i film di gangster, moderni e non del tutto schivi di tematiche sociali, quindi più "adulti" di quelli di arti marziali, il cinema locale ha avuto così modo di farsi conoscere anche nei suoi lati migliori e più artistici e approdare a festival e rassegne in Occidente. Ma, essendo Hong Kong un luogo di avventurieri, non si può prescindere da alcune figure ammantate da un alone leggendario, forse non troppo… limpido.

È il caso di Jimmy Wang Yu, un eroe che la mia memoria aveva relegato a film in costume e d'avventura negli anni settanta, ma che è rimasto nel campo, apparentemente dietro le quinte, per oltre quarant'anni. L'eroe di *Mantieni l'odio per la tua vendetta* e *Con una mano ti rompo, con due piedi ti spezzo,* due classici del kung fu (che non ha mai praticato essendo ai tempi un nuotatore!), si è ritirato diventando produttore a Taiwan. Non ha mai negato i suoi legami con la malavita e, arti marziali o meno, una volta gli capitò di doversi difendere da sicari armati di mannaia che lo avevano aggredito in un ristorante. È ancora vivo per raccontarla: evidentemente era un tipo deciso…

A parte questo, però, mi interessava approfondire quanto il cinema di Hong Kong abbia negli anni plasmato e assorbito l'immagine del gangster interagendo con la realtà. Rimandando un discorso più ampio su John Woo, è innegabile che tocchi a lui il merito di aver lanciato l'*heroic bloodshed* – "l'eroico bagno di sangue", come diceva Rick Baker sulla rivista inglese "Eastern Heroes" – creando in pochi film un'iconografia mitica che avrebbe influenzato tutto il cinema gangsteristico di Hong Kong e, alla fine, anche quello americano. Eppure i gangster di John Woo avevano davvero poco a che fare con i malavitosi veri. Più che altro avevano lo stile e i modi degli eroi del cinema di Melville e dei romanzi di Le Breton, che Woo reinterpretò a suo modo, ovviamente inserendoli nella sua realtà... Eppure il codice d'onore, i legami familiari, l'amicizia e quelle favolose sparatorie al rallentatore (questa volta rubate da Sam Peckinpah) portavano una ventata nuova nell'allievo di Chang Cheh e trasformavano il *wuxiapian* e il *gongfupian* in qualcosa di estremamente differente e nuovo cui si sarebbero ispirati decine di altri registi.

Strade violente

Tra questi certamente Kirk Wong (con il già citato *Gunmen*, ma anche *Gangster Story*, l'unico film "serio" di Jackie Chan) merita una menzione per il realismo, l'approccio volutamente non eroico, violento, che viene ripreso, mescolandolo a tradizioni americane (in questo caso *ispirandosi* a Scorsese), da Wong Kar Wai nel suo *As Tears Goes By* (magnifico apologo sulla piccola malavita di Kowloon, da poco disponibile anche in Italia, ovviamente solo in DVD ma doppiato).

E mentre registi dozzinali ma non del tutto privi di mestiere, come Godfrey Ho, giravano remake al femminile di *The Killer* (sempre di Woo, ispirato a *Frank Costello faccia d'angelo*), lanciando con *Deadly China Dolls* un filone denominato *femme fatale*, e Wong Jing, figura poliedrica del cinema di Hong Kong, imbastiva con discontinua qualità storie di vita e malavita (*A True Mob Story* con Andy Lau e *To Live and Die in Tsim Sha Tsui* tra i migliori), registi di maggiore sensibilità seguivano la loro strada.

Di Poon Man Kit abbiamo già detto a proposito dei film ispirati alle vicende di gangster veri come Limpy Ho, ma Tsui Hark, produttore-pigmalione, amico-nemico di John Woo, si imponeva con film disturbanti come *L'Enfer des Armes* (disponibile in versione integrale solo in francese) che nulla aveva a che fare con le pirotecniche acrobazie dei film di John. La passione, la predominanza del ruolo femminile si addicono più al cinema di Hark che a quello virile – ispirato agli eroi omoerotici di Chang Cheh – di Woo. Di fatto *A Better Tomorrow III - Love and Death in Saigon* è persino migliore della saga vietnamita di Woo *A Bullet in the Head,* che rimane sempre un ottimo prodotto ma riecheggia in alcuni tratti addirittura fastidiosamente *Il Cacciatore* di Cimino.

Tra tutti i registi di questo periodo d'oro del cinema di Hong Kong – all'incirca tra il 1987 e il 1995 – spicca certamente Ringo Lam, che gira un trittico, *City on Fire*, *School on Fire* e *Prison on Fire*, in cui dà voce a una sua visione originale, non lontanissima dall'opera di Woo ma iperviolenta, più realistica e disperata, alla quale si ispirerà Tarantino nelle *Iene,* che riprendono quasi esattamente diversi elementi di *City on Fire*. Il capolavoro di Lam però resta *Full Contact,* una vicenda violenta e nichilista interpretata con viscerale aderenza da un Chow Yun Fat e un Simon Yam grandiosi. Storia di vita e malavita ambientata tra Bangkok e Hong Kong, *Full Contact* inserisce nel cast un altro attore che negli anni diventerà famoso. Anthony Wong, con quel viso così singolare frutto delle sue radici germaniche, s'imporrà in ruoli meno fisici, meno "belli" dei suoi colleghi ma assolutamente irresistibili.

Full Contact è l'apoteosi del cinema delle Triadi, la pietra miliare, dopo la quale Hollywood cerca d'impadronirsi del fenomeno e, così facendo, lo distrugge.

Di tutti i registi emigrati in America solo Woo riesce a inserirsi nelle meccaniche hollywoodiane, ma il suo cinema è snaturato. Forse *Face Off* conserva qualcosa del suo antico vigore, ma è una copia di cose già viste. Una produzione che sembra una disperata corsa a rifare i classici americani con quel marchio d'azione che, esaurito lo stupore delle sparatorie al rallentatore, diventa noia. E agli altri registi non va meglio. Kirk Wong si lascia coinvolgere nella produzione di *The Hit*, un film suo malgrado comico che delude i fan e non trova un equilibrio tra azione e comicità. Ringo Lam gira un discreto film con Van Damme, *Maximum Risk*, ma si appiattisce poi sulle esigenze di un divo in declino. Torna a Hong Kong per girare un paio di buoni film – *The Suspect* per esempio – ma ormai privi del vigore di un tempo. Sparisce relativamente in fretta. Tsui Hark tenta un doppio colpo con Van Damme (*Double Team* e *Knock-off*), ma gira solo pasticci incomprensibili e torna a Hong Kong dove accatasta progetti e realizzazioni come *Time and Tide,* visto a Venezia ma veramente privo del rigore che ha contraddistinto i suoi film migliori. La sua rinascita come autore avviene proprio con il *wuxiapian* e il già citato *Seven Swords*.

Il poliziesco di Hong Kong è morto?

Forse i veri talenti rimangono a casa, come Johnnie To, che fonda la sua Milkyway e continua a sfornare film, alcuni bellissimi, originali nel ritmo e nella concezione della sceneggiatura, quali *The Mission*, *A Hero Never Dies* e *The Longest Nite*. A volte co-produce e lascia firmare ad altri, come nel caso di *Expect the Unespected*, di *Wai Ka Fai* e del magnifico *Beyond Ipothermia* di Patrick Leung, poi cambia registro, passa alla commedia, fa sin troppo – come in tutti i film con Andy Lau (*Running out of Time 1* e *2*) – per raccogliere soldi. Recentemente la sua ispirazione ha dato segni di appannamento con un decoroso *Full Time Killer,* seguito da un *PTU* che pare ricalcare i suoi temi migliori. In queste ultime stagioni, però, Johnnie To ha saputo reinventarsi mantenendo la sua vena più originale, molto diversa da quella di Woo e più realistica. Ma il cinema d'azione di Hong Kong ha vissuto diversi anni, se non bui, almeno confusi.

Con il mutare della situazione politica mutano anche i film di gangster. Michael Wong, mezzosangue che non parla cinese, è l'eroe dei film di Gordon Chan, che esaltano le forze di polizia durante il passaggio alla Madrepatria. Nascono così *Final Option*, *First Option*, *Revenge, In the Line of Duty,* in cui non sono più i gangster a dominare la scena ma dei superpoliziotti molto americani e troppo apertamente immagini-sponsor delle forze dell'ordine della nuova Hong Kong.

Nasce però anche un filone avverso che, infarcito di violenza, con i suoi eroi belli e dannati, mostra impietosamente la realtà delle Triadi oggi. Andrew Lau firma sette episodi di una saga violenta, *Young and Dangerous,* interpretata dai nuovi divi Ekin " Dior" Cheng e Jordan Wong, ispirata e con i tempi narrativi di un fumetto popolare, *The Rascals*. Subito popolarissima, la serie è diventata un must sia per i giovani attori, uomini e donne emergenti, sia per le vecchie glorie che vogliono ancora apparire sullo schermo. È una storia che nasce nei quartieri alveare ma si dipana a Taiwan, ad Amsterdam, a Tokyo e torna a Hong Kong nei rioni di lusso, dove i gangster vestono abiti italiani e sembrano agenti di borsa. C'è violenza ma anche molto intrigo, corruzione politica; l'onore non c'entra se non come scusa. Rivedendoli tutti si coglie il disagio del cambiamento, si comprende come i giovani leoni della mafia hongkonghese siano ormai presi in un meccanismo più grande di loro che li costringe a indossare la maschera degli affaristi relegando l'azione liberatoria a qualche brevissimo ma sconvolgente istante.

Ma ormai anche questo filone sta tramontando, sostituito da commedie rosa, *wuxiapian* aiutati da effetti digitali, storie persino in stile Dario Argento o *Basic Instinct* in tutte le varianti possibili. Esaurito il filone *Young and Dangerous*, Andrew Lau si getta nella produzione, fortunata, di thriller patinati, spesso complicatissimi nella trama, con eroi che sembrano usciti da sfilate di moda implicati in vicende ricche di flashback non sempre lineari e logici. *Infernal Affairs* ha già raggiunto il terzo capitolo e sembra essere diventato una tappa irrinunciabile per chiunque voglia "apparire" sulla scena del cinema di Hong Kong, anche solo con un cameo. Distribuito in DVD in Italia, sarà presto oggetto di un remake americano. Dirige Scorsese. Che volere di più?

Il film di gangster con i suoi miti, veri o creati artificiosamente, specchio e modello della scena criminale nella colonia, fino a poco tempo fa sembrava finito e annegava nella ripetizione. Per trovare qualcosa di più originale, di vero, bisognava volgersi verso la Corea e il Giappone che, dopo decenni di incertezze – la prima – e decadenza – il secondo – stanno recuperando il desiderio di raccontare in maniera originale, provocatoria, storie di vita e malavita. Non per nulla i DVD di Hong Kong, che un tempo erano tutti in Zona 0, ossia non richiedevano un lettore particolare, adesso sono tutti in Zona 3, destinati quindi al mercato coreano e giapponese. Ed è da questi particolari che s'intuiscono molte scelte produttive di un mercato che, ormai, non pensa più a se stesso ma è proiettato a compiacere e a copiare l'estero. Non credo si tratti di un effetto negativo determinato dal ritorno alla Madrepatria; il cinema di Hong Kong non è mai stato "politico" e sarebbe assurdo attribuirne il declino, almeno in questo filone, a imposizioni di Beijing, soprattutto perché è sempre circolato oltre i confini del grande vicino. Il cinema gangsteristico è sembrato, tra il 1998 e il 2002, aver semplicemente esaurito il suo slancio, sono cambiate le condizioni economiche degli spettatori e, alla fine, del Palo Rosso che si fa strada con la violenza e viene tradito dagli amici (come si vede nel recente *One Nite in Mong Kok*, "Una notte a Mong Kok"), i giovani – che sono quelli che vanno al cinema – non vogliono sentir più parlare. E se a questo aggiungete che tutti i migliori talenti sono stati o fagocitati o snaturati dall'industria americana, il risultato appare desolante... Ma Hong Kong ci ha abituato a continui capovolgimenti di fronte e tendenza. Per questo ho inserito con cautela termini come "sembra" e "appare" nei giudizi espressi.

Negli ultimi tre anni sono stati girati alcuni film noir decisamente sopra la media, che si staccano da ogni precedente filone ma che, allo stesso tempo, ne hanno saputo cogliere i lati migliori. Di Johnnie To accennavamo qualche capitolo fa, passeggiando per le strade di Kowloon. *Breaking News*, premiato a Venezia, è un grande film d'azione ma anche un ritratto realistico della società criminale di Hong Kong com'è adesso, e il recentissimo *The Election* mette in risalto tutte le contraddizioni, il cinismo e, sì, anche il desiderio di raggiungere una patina di legalità delle Triadi di oggi. A questo film si abbinano l'iperviolento *Dragon Squad* ma soprattutto *SPL* di Wilson Hip, attore già noto ai frequentatori dei festival per aver saputo cogliere turbamenti e contraddizioni reali della Hong Kong moderna, mescolandoli con trame sempre spettacolari. Si fa aiutare in questo caso da Donnie Yen, poco conosciuto – da noi – coreografo e attore marziale, e da Sammo Hung, veterano della scuola dell'Opera di Beijing, nonché compagno d'avventure di Jackie Chan. Uscito di scena da qualche anno, Sammo Hung torna a combattere, segnato dal tempo ma sempre capace di smuovere gli animi.

Su questo stesso refrain Jackie Chan è tornato con *New Police Story* a tracciare un magnifico ritratto della Hong Kong criminale di oggi tra grattacieli, sadici gangster figli della ricchezza che uccidono per il gusto di farlo e vecchi leoni ancora desiderosi di ruggire. È proprio con questo film che s'intuisce il desiderio di Chan – per troppi anni prostituitosi al successo internazionale con film di bassa qualità ma "americani" – di riprendersi il suo pubblico. E come lui anche il cinema della ex colonia sembra aver trovato una marcia in più, originale ma non schiva dalle sue tradizioni, producendo film di violenza urbana e però dotati di un cuore. Cosa che è difficile trovare in molte produzioni miliardarie occidentali…

Capitolo 10

Parola di John Woo

Il re dell'azione

Non poteva mancare il ritratto dell'autore che, più di ogni altro, ha rappresentato non solo il genere ma l'intera città e il suo mondo fantastico nell'immaginario degli appassionati. Personalmente, soprattutto alla metà degli anni novanta, ho sentito moltissimo l'influenza dei film di Woo: i miei romanzi dell'epoca sono pieni di omaggi e citazioni alla sua opera, basti pensare alla pirotecnica sparatoria iniziale di *Yakuza Connection* e al finale di *La notte dei mille draghi*, che culmina con una sparatoria nel ristorante Jumbo durante il passaggio della città alla Madrepatria.

È stato quindi per me graditissimo e indispensabile ripercorrerne l'epopea, camminando per quelle strade che hanno dato vita alla sua mitologia. Identificare l'opera di John Woo con una sequela di sparatorie, confronti alla messicana e *ralentì* esasperati sarebbe ingiusto, oltre che restrittivo. La carriera di Woo, dai suoi episodi più oscuri (le commedie realizzate in serie su commissione degli anni ottanta) ai momenti più alti, quali *A Bullet in the Head, Hard Boiled* e *Face Off*, tradisce una ricerca d'autore, a volte più sofferta ma sempre estremamente vitale, permeata dall'amore per il cinema quanto dalle sue convinzioni religiose e dalle vicissitudini familiari. È pur vero che, quando scoprii *Hard Boiled* in un cinemino del XIII arrondissement parigino (il quartiere orientale), rimasi folgorato dallo stile visionario e lirico simile a quello di Peckinpah, ma gli uomini che impugnavano quelle pistole erano eroi veri, tragici, che mi rammentavano i duri di Melville e del cinema gangsteristico francese. Woo raccontava storie d'azione, ma anche di delitto e castigo, di dovere, d'amicizia, laceranti, mélo e totalmente sentite dal suo autore, com'era caratteristica del cinema di Hong Kong in quegli anni. E così, ripercorrendo la carriera iniziale di Woo, ho scoperto un uomo saldo nei suoi principi anche di fronte alla sfortuna e al compromesso, in altre parole un eroe che ha combattuto la sua battaglia senza bisogno di pistole sino alla meritata apoteosi.

Un cattolico cinefilo con la pistola

Nato nel 1946 nella regione di Canton con il nome di Wu Yusen, John Woo segue la sorte di migliaia di altri profughi all'avvento del maoismo. Approda a Hong Kong con la famiglia alla ricerca di un sogno. Le condizioni di vita sono proibitive, il padre ha la tubercolosi e l'unico conforto sembra la religione cattolica. Cresciuto con la ferma convinzione di "vivere dignitosamente senza cadere nella tentazione della delinquenza", John si arrangia in mille modi per completare gli studi presso il collegio Matteo Ricci, ma è uno studente distratto, orientato a una sua personale ricerca culturale che svolge da autodidatta. È in quest'epoca che, assieme ad alcuni amici, apre un cineclub e realizza anche i suoi primi film amatoriali, *Accidentally* e *Dead Knot.* È la fine degli anni sessanta e le passioni cinematografiche del giovane John si orientano verso il neorealismo e la *nouvelle vague* arrivati chissà come nei cinema periferici della colonia britannica. Ma è anche l'era del grande cinema di kung fu, o meglio della sua versione cavalleresca, il *wuxiapian*, ed è proprio in queste produzioni che John muove i suoi primi passi professionali.

Dapprima comparsa, poi trovarobe e infine assistente al montaggio, lavora alla corte del maestro King Hu per passare in seguito a fianco del discepolo di questi, Chang Cheh. Frustrato proprio dal maestro nelle sue ambizioni recitative, John si specializza nel montaggio e quindi approda alla regia. Siamo nel 1973 e, naturalmente, gli viene affidato un film di kung fu, *Farewell Buddy*, che al momento non viene distribuito perché giudicato troppo violento. Il cattivo vi compare con un guanto coperto di lame di rasoio alla Freddy Krueger, particolare che la censura giudicò un pericoloso suggerimento alla delinquenza. In una città dov'era abitudine per i giovani teppisti prendersi a catenate sui tetti, è quantomeno bizzarro...

Malgrado la delusione, John ha la sua grande occasione. Raymond Chow, presidente della Golden Harvest e scopritore di Bruce Lee, vede il suo film, lo acquista, lo rimonta e lo purga ma lo distribuisce con il titolo di *The Young Dragons* e offre a John un contratto come regista per il suo studio. Potrebbe essere il lieto fine di una bella favola, ma è solo l'inizio di un percorso irto di difficoltà e insidie.

È infatti ancora l'era del kung fu e le ferree regole di produzione di Hong Kong impongono a John di rimandare i suoi progetti di film ispirati al cinema noir francese. *Hand of Death* (1976) è una pellicola curiosa per più di una ragione. Girata in Corea come molte produzioni d'arti marziali dell'epoca, non solo ha come protagonista uno dei più favolosi "kicker" (attori-atleti specializzati nelle tecniche di calcio) di tutta la storia del cinema del kung fu, Tan Tao Liang (più tardi uno dei tanti epigoni di Bruce Lee), ma vede anche l'esordio cinematografico di Jackie Chan. Benché in un ruolo secondario, Jackie gode di un certo spazio in una storia di monaci Shaolin schierati contro i perfidi manchu. Film forse dozzinale, dove a fatica si riconosce la mano di Woo, *Hand of Death,* ad anni di distanza, rimane tuttavia ancora gradevole, soprattutto per l'affollamento di facce del cinema d'avventura cinese di quei tempi. Fiasco al botteghino e grandi polemiche tra Woo e lo stesso Chan, che avrà parole molto dure sulla sua regia, ammorbidite poi grazie a reciproche (e forse un po' sospette) dichiarazioni di stima professionale.

In seguito Woo tenta un primo colpo di testa, realizzando una versione filmata di *Princess Chang Ping* (1976), classico dell'Opera cinese che sceglie di filmare con tecniche cinematografiche, abbandonando l'impianto teatrale tradizionale. L'operazione riscuote un enorme successo e il film (recuperabile in Francia in versione sottotitolata e visto qualche anno fa al Far East Film Festival di Udine), benché lontano dal nostro gusto estetico, si presenta come un'opera autoriale.

La produzione però non lo premia, anzi indirizza John Woo verso la commedia demenziale. È in questo periodo che il regista comincia la sua collaborazione con i comici Ricky e Michael Hui, vere e proprie icone dello *slapstick* hongkonghese tra gli anni sessanta e settanta. Sotto un profilo professionale si apre uno dei momenti più neri per John, costretto a dirigere film verso i quali non prova evidentemente nessun affetto. A onore del vero bisogna ammettere che alcuni dei suoi titoli comici sono tutt'altro che disprezzabili, anche se non recano minimamente la sua mano. *Laughing Times* (1981) è quasi un remake dei *Ragazzi irresistibili*, e *Plain Jane to the Rescue* (1982) possiede diversi momenti di autentica comicità. Potete immaginare tuttavia quale fosse la frustrazione di un regista naturalmente portato per l'azione costretto a cimentarsi con la commedia. I rari progetti avventurosi, poi, lo costringono a ulteriori compromessi. Woo dirige nel 1978 *The Last Hurrah for the Chivalry,* un *wuxiapian* che trasforma in un omaggio a Chang Cheh. È un film cupo, violento, estremamente retorico e venato da quella cripto-omosessualità tipica del lavoro del vecchio maestro. Un paio di sequenze di combattimento rivelano lo stile "wooiano", tuttavia all'inizio degli anni ottanta la produzione continua a imporgli commedie demenziali. Ma il nostro insiste e, finalmente, si vede affidare la direzione di *Heroes Shed No Tears* (realizzato tra il 1983 e il 1986), una storia di guerra vagamente ispirata a *Quella sporca dozzina.* La vicenda, piena di sesso (non certo nelle corde di John) e violenza, viene più volte riscritta e, ad anni di distanza, mostra ancora un vigore assente in altre produzioni dell'epoca. Ma la sfiducia dei produttori nelle qualità di Woo come regista d'azione e le vicissitudini distributive condannano il film, e con esso la carriera di John. Bocciato proprio nel genere che ama di più, Woo viene etichettato con il marchio della mediocrità e spedito a Taiwan come supervisore di insulsi filmetti.

Hard Boiled

A questo punto, però, Woo incontra un vecchio amico dei tempi di Chang Cheh, Tsui Hark. Nasce un ambizioso progetto, la serie *A Better Tomorrow* che Woo realizza nel 1986 per la Film Workshop, la società di Hark. Finalmente John Woo è libero di muovere le sue pedine come vuole.

Ne risultano due film (il sequel è dell'anno successivo) neri, violenti e romantici, un riuscito connubio tra le atmosfere kung fu e il cinema nero americano e francese degli anni sessanta. Questa volta il successo è assicurato e per John si apre una nuova giovinezza creativa, che ci regalerà nel giro di qualche anno capolavori come *Hard Boiled* (1992), *The Killer* (1989) e *A Bullet in the Head* (1990), una rivisitazione dei temi del *Cacciatore* ma non solo: la riscoperta delle proprie origini culturali realizzate attraverso un ritratto del 1967 tra Hong Kong e Saigon da mozzare il fiato. Ma, come abbiamo visto, è proprio questo "amarcord" tra Vietnam e Hong Kong che crea un primo screzio tra Woo e Hark.

A Better Tomorrow III (1993) è infatti diretto da Hark e ne racchiude tutta la poetica, con evidenti differenze rispetto alla concezione di Woo, prima tra tutte la centralità della figura femminile. Ma il divorzio artistico da Hark apre a John Woo la via dell'America, grazie ai buoni uffici di Quentin Tarantino e soprattutto di Kenneth Chang, a sua volta attore e soprattutto produttore esecutivo responsabile delle migliori performance degli honkonghesi a Hollywood.

Woo l'americano

Gli emigranti cinesi del XIX secolo la chiamavano il Paese della Montagna d'Oro, e la California, ai cineasti della colonia inglese, deve essere sembrata proprio così: un Eldorado ricco di possibilità ma, in breve tempo, anche rivelatore di trappole e difficoltà. Lo hanno scoperto Kirk Wong, lo stesso Hark e perfino Jackie Chan che per due volte ha tentato la scalata al successo con esiti discutibili. In effetti John Woo è l'unico (insieme al suo attore feticcio Chow Yun Fat) ad aver raggiunto una posizione stabile nel sistema hollywoodiano.

Sui suoi film americani si è scritto a sufficienza per evitare al lettore un'analisi minuziosa di ciascun titolo. Meno noti sono i telefilm quali *Violent Tradition* (proposto dalla TV italiana col titolo *Soluzione estrema,* sotto molti aspetti la trasposizione americana del 1997 di uno dei suoi film migliori, *Once a Thief*) e *Blackjack*. Poi vengono *Hard Target* con Van Damme e *Broken Arrow,* in cui il suo stile si riconosce solo a tratti ma che ha un bel cast, con John Travolta e Christian Slater.

Solo sottoponendosi a un simile calvario riesce a dirigere realmente un film personale, *Face Off* (1997), nel quale ritornano tutte le sue tematiche più care come il "doppio" fisico e psicologico, l'identificazione tra buoni e cattivi con la conseguente confusione di ruoli pure in un contesto di ferrea moralità cattolica, i confronti alla messicana, colombe e sparatorie come balletti al ritmo di *Over the Rainbow*: *Face Off* è la summa del migliore John Woo e un compromesso, forse irripetibile, tra le sue capacità artistiche e la macchina produttiva. Un risultato raggiunto grazie a una serie di accordi e rinunce, ma con la ferma convinzione di poter raggiungere il proprio obiettivo. Oggi John Woo è un'icona del nuovo cinema d'azione americano, anche se non schiva obblighi e imposizioni.

Lo dimostra *Mission Impossible 2* (2000), quasi un esercizio di stile a dispetto di una trama incoerente sino al limite della sopportazione. *Windtalkers* (2002) torna invece alla vena più genuina di Woo autore. Cupa storia di amicizia, di onore, dove la violenza, proprio come succedeva con Peckinpah, è funzionale all'espressione del turbinio di passioni dei personaggi. È anche questa una storia sul "doppio" (il soldato americano accoppiato al navajo, l'indiano che si fa passare per giapponese per poter sopravvivere) quasi che, attraverso storie avvincenti, John Woo volesse comunicarci il profondo disagio, e insieme l'ineluttabilità, delle sue due anime. Il regista originale e il mestierante, l'uomo costretto a subire le umiliazioni dei suoi protagonisti come in una sorta di autobiografia trasfigurata che, alla fine, rappresenta la sua cifra stilistica più rilevante, al di là di sparatorie e schizzi di sangue rallentati.

Anche questa è una storia di Hong Kong e rappresenta lo stretto legame tra i suoi abitanti – anche i più illustri – e la città nella sua evoluzione.

Capitolo 11

Eroi per una notte

Le mille luci di Kowloon

Chi non ha sognato di essere un eroe, un avventuriero da romanzo, di quelli con il pugno facile, lo sguardo irresistibile per le donne?

Be', Hong Kong è uno di quei luoghi mitici dove non occorre realmente essere dei "duri" per immaginarsi al centro di una magnifica avventura. Basta uscire dall'hotel e incamminarsi verso il mare. Personalmente mi sono lasciato tentare più d'una volta, sempre seguendo il filo delle mie fantasie e dei ricordi di film e romanzi, assecondando un gioco in cui l'ambiente che mi circondava si fondeva con quello creato dentro di me.

Dal mio solito albergo a Kowloon basta attraversare Salisbury Road e raggiungere la passeggiata sul mare, presso il New World Center. È una promenade panoramica che le autorità locali – inglesi prima e cinesi oggi – hanno sempre tenuto in considerazione e curato come una preziosa ricchezza. Di fatto quello che si può ammirare affacciandosi sulla baia, oltre la quale sorge l'isola di Victoria, è uno scenario notturno di luci, insegne, grattacieli illuminati che – forse ma solo forse – trova un degno paragone con la veduta di Rio de Janeiro.

Ho trascorso innumerevoli serate a osservare il traffico dei traghetti, le insegne multicolori, a volte evidenti nell'aria tersa prima del tifone, in qualche occasione ammiccanti nella nebbia e nell'umidità. Intorno a me le costruzioni moderne del Museo dello Spazio e di quello d'Arte, futuristiche e disperatamente protese a fornire un'immagine della città al passo coi tempi. Ma i vaporetti, la giunca-ristorante che compie il suo abituale andirivieni tra le chiatte non riescono a lavar via il fascino di un panorama notturno che s'è impresso nella fantasia di milioni di persone.

È facile incoraggiare la parte più ardita del nostro avventuriero immaginario udendo il chiacchiericcio delle ragazze che vengono a gruppi sulla passeggiata, i richiami dei tassisti e mille altre voci di espatriati e locali. Suoni innocenti eppure evocativi di avventure, richiamate anche da luci e colori. Volgendo le spalle al mare, l'hotel Peninsula troneggia in fondo a Kowloon con tutta la sua coloniale eleganza, le Rolls-Royce verdi di rappresentanza a un passo dai locali notturni.

Chi meglio di un agente segreto, figura più legata alla fantasia che alla realtà, incarna l'immagine dell'eroe che s'impadronisce dell'europeo solo in quest'Oriente senza tempo? James Bond, Hubert Bonisseur de la Bath, Sam Durrell e sì, anche Chance Renard, il Professionista, il mio personaggio più amato, sono tutti passati per questo luogo.

E anch'io, in un'occasione speciale, ho vissuto la mia avventura.

Al Natale del 2003, come ho già ricordato, risale una delle visite per me più emozionanti a Hong Kong. Benché i festeggiamenti occidentali d'ispirazione cattolica siano sentiti qui in gran parte come occasione per festeggiare e "fare business", l'atmosfera era surriscaldata. La notte del 24 dicembre c'erano due milioni di persone tra Salisbury Road e la promenade. Le strade erano transennate, la polizia controllava il traffico, ma tutto si svolgeva con l'allegra convinzione di essere in festa.

Passeggiando tra il Peninsula e una delle tante stradine che si dipartono da Nathan Road avverto una musica nota e amata. Il refrain di *007 - L'uomo dalla pistola d'oro*, film visto trent'anni prima ma che a Hong Kong – come nella mia mente – ha lasciato un segno indelebile. E lì, dietro l'angolo, scopro che due casse poste all'esterno di un locale reclamizzano proprio un topless bar, il Bottoms Up, che appariva in una breve sequenza del film interpretato da Roger Moore e Christopher Lee. La pellicola, ispirata all'ultimo romanzo scritto da Ian Fleming nel 1965, trasportava il duello tra l'agente segreto più famoso del mondo e il killer dalla pistola d'oro Scaramanga dall'originaria ambientazione giamaicana all'Estremo Oriente.

Nel 1973, anno di produzione del film, in Occidente era in pieno boom il genere kung fu e anche 007 si adeguò con un film avventuroso, forse uno dei più riusciti tra quelli interpretati da Moore, terzo Bond della saga cinematografica e certamente il più scanzonato di tutti. Nel film Bond-Moore incontra un "contatto" al Bottoms Up, una scena di pochi minuti girata all'interno del vero club, dove affascinanti bariste orientali con il seno celato solo da lunghi capelli sciolti servivano i clienti sedute al centro di tavoli circolari.

E trent'anni dopo, davanti a me, scintillava invitante proprio l'insegna di quel locale, che s'era appropriato del mito di James Bond facendo sua la canzone dei titoli di testa e aggiungendo all'insegna un clamoroso «VENITE NEL LOCALE DEL MITICO JAMES BOND».

Era la notte di Natale, le strade erano in festa... che fare?

Lo spirito d'avventura prese il sopravvento. Scordandomi della mia identità di turista sono entrato nei panni di Bond, e forse anche in quelli del mio personaggio che, bene o male, ne costituisce un epigono, e mi sono infilato su per una scalinata angusta accedendo al bar della mia fantasia. Sicuramente certe fantasticherie è meglio che rimangano tali... Ho visto decine di locali notturni da Budapest a Barcellona, da Bangkok ad Amsterdam, ma raramente ho provato una tale delusione.

L'interno, per dirla tutta, era rimasto quello raffigurato nel film. Tavoli circolari al centro dei quali c'era una sorta di *pool* dove le ragazze servivano da bere in topless, dedicandosi – a seconda della mancia ricevuta – a un avventore o all'altro con chiacchiere e ammiccamenti. Le luci erano decisamente più basse, ma questo non significava nulla. Forse era indizio di più ardite connessioni tra le topless girl e i clienti. Fin qui tutto bene... La clientela era, però, scarsa e non si faticava a capire perché. Forse i proprietari del locale avevano pensato di lasciare immutati gli arredi giocando su chi, come me, vive di nostalgia nella speranza di ritrovare le atmosfere del film. Peccato che le "ragazze" ai tavoli sembrassero anche loro... pezzi d'antiquariato rimasti lì dal 1973. Al di fuori della facile battuta, nessuna di loro era orientale né possedeva il fascino delle *entraîneuses* viste al cinema. Quella che mi servì da bere poteva essere mia zia e veniva dal Brasile. Una consumazione, una mancia spropositata per qualche minuto di conversazione e via...

Meglio tornare ad assaporare all'esterno quell'atmosfera a lungo coltivata sulle pagine dei romanzi. Fuori almeno si sentiva il profumo del mare, il cielo era illuminato dai fuochi d'artificio e persino i richiami insistenti, poche strade più in là, di una *mama-san* che invitava a rilassarsi in una sauna-sexy di basso rango sembravano più accettabili.

Suggestioni hollywoodiane

Ma l'agente segreto, come figura ideale di eroe, non è l'unico fantasma dell'immaginazione ad aggirarsi sulla passeggiata della baia.

Ritorna alla memoria un film del 1955 di Edward Dmytryk intitolato *L'avventuriero di Hong Kong*, una storia forse oggi datata e sicuramente lenta nello svolgimento, che pure consiglio di rivedere per assaporare un'atmosfera che, nel XXI secolo, è rimasta solo nei ricordi. Interpretato da Clark Gable, il film si intitolava in originale *Soldier of Fortune* (soldato di ventura) e rendeva molto di più il senso di quest'avventura esotica in una terra lontana e misteriosa popolata da espatriati.

La trama non era particolarmente originale. Jane Hoyt, romantica moglie americana innamorata di un marito giornalista sparito nella Cina rossa all'inseguimento del miraggio di un servizio fotografico esclusivo, approda a Hong Kong. Vuole ritrovare l'uomo che ama ma che, sin dalle prime battute, intuiamo più interessato ai suoi vagabondaggi che al suo cuore. Eppure Jane, tipica eroina hollywoodiana degli anni cinquanta, è disposta ad avventurarsi da sola nel calderone di razze e ambigui personaggi che la aspetta sbarcando dal piroscafo. Le ricerche della polizia sembrano non approdare ad alcun risultato. Tutti ricordano il marito di Jane ma nessuno sa dove sia finito. Se anche è caduto in mano ai cinesi, ormai è morto. Ma la giovane donna non si dà per vinta. Dall'hotel Peninsula parte caparbiamente alla ricerca del marito imbattendosi in un variegato panorama di personaggi: un playboy francese, i frequentatori di un tipico locale inglese su Nathan Road in cui – secondo la tradizione britannica – le donne sole non sono ben viste, un generale nazionalista destinato a essere arrestato dai comunisti, un ambiguo trafficante portoghese. È curioso notare che il locale citato esisteva realmente. Si trattava del Jack Conder Bar, visitato anche da Ian Fleming che lo ricorda nel suo libro reportage *Thrilling Cities,* un volume da poco ripubblicato in italiano. Fleming realizzò il suo reportage negli anni sessanta, ma mi lusinga che abbia osservato la città con occhio molto simile al mio, soffermandosi su storie e luoghi che anch'io ho ricercato. Ovviamente sono passati cinquant'anni...

Tornando al film citato, come sempre succede a Hong Kong, tutte le piste sembrano portare verso un punto e poi ripartire verso il nulla. Ma Jane, benché sconsigliata dalla polizia, finisce per rivolgersi ad Hank Lee (Gable appunto), il tipico "gentiluomo di ventura" che ha sì qualcosa a che spartire con James Bond ma ha anche molto di Corto Maltese. Veniamo a sapere che Hank Lee possiede la più grande flotta di giunche della città e, ai tempi, la produzione ebbe anche modo di filmare lo spettacolo di centinaia di battelli caratteristici, oggi quasi del tutto scomparsi. Gable-Lee inoltre, circostanza che accresce ancora di più il fascino del personaggio, vive in una magnifica villa sull'isola, su per la collina che porta al Peak. Una magione in stile cinese appartenente al signor Chen (nome molto comune, non per nulla i figli del Regno di Mezzo si definiscono il "popolo dei 400 cognomi!") che poi sarà immortalata anche in *L'amore è una cosa meravigliosa* e che, a carissimo prezzo, è ancora accessibile oggi con una visita guidata per i turisti che lo desiderano.

In breve l'avventuriero apparentemente dal cuore di pietra e dalla dubbia onestà (quali traffici compia con la sua flotta di giunche è solo suggerito...) si commuove, s'innamora della bella americana e, con un colpo di mano, le salva il marito, liberandolo da una prigione di Canton. A questo punto si potrebbe prevedere un finale alla *Casablanca* in cui l'eroe rinuncia all'amore per non turbare la coppia sposata. Ma Clark Gable non è Humphrey Bogart e a Hong Kong tutto è possibile... Nelle inquadrature finali vediamo Jane raggiungere il suo amato Gable-Lee servendosi della teleferica che sale sino al Peak.

Un film d'altri tempi, romantico a suo modo, forse lento per una storia d'avventura movimentata solo nel finale, ma una pellicola di grande fascino e un documento oggi di grande valore iconografico. Gli esterni girati in città mostrano scorci del porto, del villaggio galleggiante di Aberdeen, dei dock che ormai sono scomparsi, proprio come le vecchie giunche. E poi ci sono Gable e il caleidoscopio dei comprimari, tra cui persino una contessa russa in fuga, sposata da un prete spretato a un vecchio espatriato inglese in un bar, e un'anziana cinese che gestisce una rete d'informatori-missionari nella Cina rossa.

Tutto solletica la fantasia e dipinge un ritratto della Hong Kong esotica vista dagli occidentali, differente e colorita rispetto a quella del cinema locale delle ultime generazioni.

Ma l'amore è una cosa meravigliosa?

Nello scenario esotico della Hong Kong dei tempi della rivoluzione di Mao l'avventura classica, consumata a colpi di pistola e intrighi internazionali, si stempera facilmente lasciando spazio ai sentimenti. In un'ideale passeggiata tra le strade più famose della ex colonia britannica non può mancare il ricordo di *L'amore è una cosa meravigliosa* di Henry King, realizzato anch'esso nel 1955 e tratto dal romanzo di Han Suyin.

Rispetto alla pellicola con Clark Gable si tratta di un film che oggi definiremmo *mainstream*, dedicato a un vastissimo pubblico e, per la verità, rivedendolo nella versione rimasterizzata che restituisce tutto il suo splendore alla magnifica fotografia, è difficile non lasciarsi incantare almeno un po'.

Tutti sicuramente ricordano il tema musicale di Sammy Fain e Paul Francis Webster e le visioni delle scalette immerse nel verde in discesa, giù sino alle spiagge lambite da un mare azzurrissimo. Qui il giornalista William Holden e Jennifer Jones (nei panni di un'eurasiatica che di cinese non aveva veramente nulla) amoreggiavano tra dubbi e ritrosie, nuotando però senza preoccupazione. Oggi, grazie ai mutamenti delle correnti provocati negli anni novanta dagli esperimenti nucleari cinesi nel Pacifico, le acque intorno alle isolette di Hong Kong sono infestate da squali. Nel 1983, in occasione della mia prima visita a Hong Kong, ho avuto l'opportunità di trascorrere una piacevole domenica alla spiaggia di Repulse Bay gremita di bagnanti. Già nel 1995 ampi tratti di litorale erano cinti da robuste reti antisqualo che imprigionavano i nuotatori.

Ma ai tempi di *L'amore è una cosa meravigliosa* tutto appariva incantevole. Merito forse del melodrammone in puro stile hollywoodiano che vedeva protagonista un Holden infelicemente sposato (la consorte è a Singapore, non la vediamo mai ma sappiamo che non vuole concedergli il divorzio, malgrado siano lontani sentimentalmente da anni) e la dottoressa Tsu Yen (la Jones), vedova e determinata a vivere della sua missione all'ospedale per i profughi finché non le si scioglie il cuore. Ci sono tutti gli elementi per irrorare i fazzoletti delle spettatrici di tutto il mondo. La cornice esotica, il periodo storico travagliato, l'amore contrastato ma vivificante e un'immancabile tragedia (Holden, reporter in Corea, muore sotto i bombardamenti) congiurano per commuovere e avvincere chi ama questo filone.

Devo ammettere di non sentirmi attratto da tali vicende più di quanto non lo sia da quelle dei protagonisti di *In the Mood for Love* di Wong Kar Wai, già citato all'inizio del nostro itinerario. È innegabile, tuttavia, che la bellezza delle ambientazioni fornisca più di uno spunto per il viaggiatore incline al sogno. Il fulcro della vicenda, anche a costo di alcune incongruenze narrative, è la famosa villa del signor Chen, già vista in *L'avventuriero di Hong Kong*, ma che verrà ripresa successivamente in decine di altri film e sceneggiati, non ultimo la *Nobil Casa,* tratto dal romanzo di Clavell con Pierce Brosnan nel ruolo di Ian Dunross, discendente di Dirk Struan negli anni sessanta. Nel film con Holden e la Jones la famosa villa fornisce tre diverse ambientazioni. Dapprima è l'esterno dell'ospedale dove la bella dottoressa eurasiatica lavora e viene accompagnata dal suo innamorato al termine di romantiche serate. In seguito costituisce l'interno della magione del padrone della clinica, inglese e razzista quanto la pettegola moglie, un'insopportabile matrona che provocherà il licenziamento della dottoressa per la sua condotta "immorale" di donna eurasiatica che frequenta un occidentale, per di più sposato. Infine il retro della villa fornisce la scalinata che porta al poggio panoramico, teatro degli incontri tra Jennifer Jones e William Holden, un luogo più volte ripreso grazie alla magnifica veduta incorniciata da architetture tipicamente cinesi. Sarà proprio sulla collina dietro la villa che la protagonista, distrutta dalla notizia della morte dell'amato, si recherà nello struggente finale in cui rivedrà Holden con gli occhi della fantasia prima che partano le travolgenti note della canzone dei titoli di coda...

Un velo dipinto sulla Roccia della Zitella

Per chi ama il melodramma preferendolo alle scazzottate, è possibile proseguire su questa strada riscoprendo la Hong Kong d'altri tempi in un magnifico romanzo di Somerset Maugham, recentemente ristampato in italiano. *Il velo dipinto* è anche oggi un libro di esemplare scorrevolezza nella scrittura, un dramma psicologico che ha poco a che vedere con le melensaggini cinematografiche di Hollywood, eppure ispirò due film, uno dei quali, interpretato da Greta Garbo, è un capolavoro da riscoprire.

Kitty Lane, espatriata inglese trascurata dal marito medico, s'innamora di un avventuriero proprio a Hong Kong, cadendo in un vortice di passione e ambiguità che l'autore descrive con pochi tratti ma con l'abilità di chi riesce a identificare le caratteristiche di una città con quelle dei suoi abitanti. Kitty e il suo amante si incontrano dapprima in una casetta sudicia di Victoria Road, bottega di anticaglie dove i loro appuntamenti clandestini sono gravati dagli sguardi insinuanti e pettegoli della popolazione del quartiere. Decidono poi di vedersi in un appartamento affittato che si affaccia su Happy Valley (regione un tempo malarica, poi bonificata, dove oggi sorge l'ippodromo, irrinunciabile punto d'incontro della nobiltà del dollaro della città) perché non possono permettersi una casa sul Peak. Da questi accenni intuiamo l'atmosfera della città, ma anche il travaglio psicologico della protagonista che, nel proseguimento della vicenda, troverà riscatto morale seguendo il marito medico nella città inventata di Mei Tan Fu, infestata dal colera.

E anche qui, nella rappresentazione lugubre della Cina degli anni trenta, la psicologia dei personaggi si fonde perfettamente con un luogo mitico, esotico e pericoloso, che sembra costruito apposta per esasperare le passioni e mettere a nudo le vere inclinazioni della gente. Un'annotazione curiosa: l'autore, scoperto che il nome della sua protagonista era molto comune tra le espatriate locali, cambiò Hong Kong in Tching-Yen, una correzione che l'edizione corrente italiana ha cancellato restituendo a Hong Kong i riferimenti che le spettano di diritto.

Nel film *Il velo dipinto* del 1934 Greta Garbo interpreta al meglio Kitty Lane senza sbavature o concessioni eccessive al melodramma. Immancabile il remake del film in chiave decisamente più sdolcinata nel 1957: *Il settimo peccato* racconta praticamente la medesima vicenda, attingendo dal romanzo, con l'interpretazione di Eleanor Parker. Malgrado una prova dignitosa del regista Roland Neame e degli interpreti, siamo molto distanti dall'asciutta ma coinvolgente versione originale, più fedele al libro di Maugham. Alla fine *Il settimo peccato* risulta un polpettone che si avvale di Hong Kong come scenario tragico ma sfiora solo i lati più superficiali della città.

Al viaggiatore occidentale anche questa passeggiata tra vecchi film romantici è utile per comprendere il fascino sottile di questa città in bilico tra due mondi, un luogo adatto a mettere sulla scena – o nelle pagine dei romanzi – passioni, contraddizioni e pregiudizi razziali.

E se, passeggiando verso il Peak alla ricerca della celebre villa palcoscenico di tante emozioni sentimentali, vi soffermate con un poco d'attenzione, troverete anche la Roccia della Zitella, un curioso masso affiorante dal prato, dipinto di rosso, al quale oggi vengono a portare offerte votive le donne che ancora non hanno trovato marito, raccomandandosi alla fortuna e a una quasi del tutto dimenticata divinità. Hong Kong palpita ancora di queste convinzioni che, in altro luogo, sembrerebbero ingenuità, ma nei vicoli degli indovini – dove se due scarafaggi entrano nella stessa scatola in un quadrato di sabbia gli amanti avranno lunga vita felice – sono in molti disposti a prestarvi fede. È un po' la magia di Hong Kong, e inseguire sogni d'avventura diventa una tentazione irresistibile.

Quindi se vi si posa una farfalla sulla spalla restate immobili... non scacciate la fortuna. Perché «sotto il cielo», come diceva William Holden in una celebre battuta di *L'amore è una cosa meravigliosa*, «nulla è giusto o ingiusto».

Tutto può accadere e un po' di buon *joss* non guasta mai.

Capitolo 12

Passeggiata tra grattacieli e case da tè

Cheongsam e taxi-girl

C'è un luogo, a Victoria, a pochi passi dalla foresta di grattacieli di acciaio e cristallo, che ogni espatriato in cerca d'avventure deve visitare. Per chi segue tracce del mito di Hong Kong è una tappa obbligata.

Il quartiere di Wanchai è così vivo nell'immaginario legato alla Hong Kong malfamata e colorita dei film d'avventure da evocare con il solo nome tutto un universo di locali notturni, "sale da tè" in cui la famosa bevanda a base di semi di camelia non è veramente la merce più richiesta, di musiche, di scazzottate tra marinai e, sì, anche di amori romantici e sfortunati.

Wanchai è stato, almeno sino al termine della guerra del Vietnam, il quartiere del vizio di Hong Kong, un concentrato di night, mercati notturni e malavita da non confondersi con l'ambiente impenetrabile e certamente ben poco invitante della Città Murata, ossia di Kowloon City.

Dalle zone più ricche e ufficiali dell'ex colonia (il Centro Conferenze ed Esposizioni e l'Accademia delle Arti) si raggiunge in pochi passi, e sembra impossibile che un quartiere a "luci rosse" sia sopravvissuto alla severa ristrutturazione che gli inglesi prima e i cinesi in seguito hanno realizzato a Victoria. Per la verità quelle tre stradine racchiuse da tra Harcourt Garden e Hennessy Road, a pochi passi da un imponente distretto di polizia, vivono più che altro nel ricordo. Durante il conflitto vietnamita erano la destinazione agognata di tutti i militari in licenza e ospitavano la più alta concentrazione di locali notturni e bordelli dell'isola. Anche in precedenza la zona tra Jaffe e Lockhart Road aveva ospitato ritrovi equivoci, sale da ballo e mercati dove era praticamente tutto in vendita, ma il massimo fulgore dell'industria dell'intrattenimento sessuale coincise con gli anni dell'impegno americano nel Sud-Est asiatico.

Certo, prima e dopo questo periodo, espatriati e turisti vi si sono avventurati in cerca di emozioni, ma si tratta sempre di un numero esiguo di "clienti" per le *mama-san* che gestiscono i locali.

Oggi occorre fare uno sforzo d'immaginazione per respirare l'atmosfera di quei giorni. Un po' perché dei locali più noti sono rimasti solo il Joe Banana's e il Wanch's, ormai più attrazioni turistiche che ritrovi peccaminosi, un po' perché di bar karaoke con costosissime escort-girl a tassametro è piena la città, da Kowloon a Yau Ma Tei. La zona "calda", se proprio desiderate un'avventura, si è spostata intorno ai locali di Mody Street o, con una piccola gita in aliscafo, a Macao. È comunque curioso e divertente passeggiare per queste stradine, lasciarsi tirare per la manica dalle imbonitrici e ricordare tante scorribande viste al cinema o immaginate tra le pagine dei romanzi.

Prima di lasciare la memoria libera dalle catene e rievocare forse la più famosa storia d'amore ambientata in questa zona, è necessario rivolgere un omaggio a un indumento che è il simbolo stesso della seduzione cinese. Si tratta del *cheongsam* ed è un abito semplice eppure elegantissimo, provocante ma stranamente casto e racchiude tutto il fascino che le orientali sono in grado di esercitare sui *gweylo*. Lo avrete sicuramente visto in innumerevoli film e, se siete stati in Oriente – non solo a Hong Kong ma anche a Macao, Singapore, a Shanghai – avrete certamente trascorso qualche ora scambiando affascinanti sciocchezze con qualche taxi-girl abbigliata con questo capo di vestiario. Si tratta di una tunica in seta realizzata in vari colori (preferibilmente rosso, giallo, verde, blu o nero, con alamari dorati raffiguranti draghi), chiuso con il cosiddetto "collo alla coreana", rigido e senza risvolti. Niente maniche e, soprattutto, uno spacco vertiginoso sulla coscia destra dal quale, immancabilmente, sfuggono gambe d'avorio e piedini racchiusi da scarpette in tinta con il vestito. Come diceva Fleming, un indumento che insegnerebbe molte cose agli stilisti europei sulla capacità di seduzione del ginocchio femminile...

Nelle "case da tè" di Wanchai, prima che la globalizzazione imponesse una dissennata corsa all'abbigliamento occidentale, era quasi un'uniforme per le taxi-girl. A questo punto s'impone una spiegazione terminologica di due allocuzioni che, dall'inizio di questo capitolo, abbiamo ripetuto più volte.

Prima di tutto per "casa da tè" a Hong Kong e nel resto dell'Asia s'intende un ritrovo notturno (oggi vergognosamente trasformatosi in bar-karaoke...) dove l'espatriato andava per cercare compagnia femminile. Il tè lo bevevano le ragazze fingendo che fosse whisky (e facendolo pagare adeguatamente ai loro accompagnatori). Per i *gweylo* l'ordinazione andava dalla semplice birra – possibilmente una San Miguel-Sanmagoo, di produzione filippina – allo champagne. Nelle case da tè si potevano "affittare" delle accompagnatrici pagando un biglietto alla cassa. La tariffa comprendeva solo e unicamente la compagnia di una delle signorine che chiacchieravano, ballavano e rivolgevano dolci sorrisi al cliente, ma niente di più.

Il prezzo saliva in base al tempo, e capitava spesso che una ragazza venisse prenotata per tutta la sera. Sì, lo so cosa sembra, e la differenza con le nostrane "marchette" è più formale che sostanziale ma, come sempre in Oriente, era un rito regolato da cortesia di comportamento, e se alla fine della serata lo straniero voleva portare la ragazza "fuori" del locale, doveva aspettare la fine del turno o pagare i "tagliandi di parcheggio" per coprire ciò che restava del suo tempo a disposizione del locale.

Ma non era assicurato che la ragazza seguisse il cliente il quale – difficile ma non impossibile per un diavolo straniero – doveva dimostrarsi gentile, generoso e comprensivo. Nell'Oriente coloniale non era inusuale che s'instaurasse un rapporto continuativo tra la ragazza – che appunto era chiamata taxi-girl per via del tagliando di parcheggio... – e il cliente. A volte diventavano amanti, come accadeva al protagonista di *Un americano tranquillo* di Graham Greene, una vicenda portata al cinema con successo da Joseph L. Mankiewicz e riproposta anche in tempi recenti dal remake di Philip Noyce con un eccezionale Michael Caine. Certo, la storia di Greene si svolgeva in Vietnam, ma i locali con le taxi-girl erano diffusi in tutto l'Oriente, dall'Indocina al Giappone. Troviamo le taxi-girl nei romanzi di spionaggio orientali di Gérard de Villiers, in quelli di Jean Bruce, ricavandone sempre l'immagine di ragazze ciniche e dolcissime al tempo stesso, spesso sfruttate dai proprietari dei locali ma alla disperata ricerca di un'occasione per trovare marito e fuggire in Occidente.

E, negli anni della Guerra Fredda, non erano solo le orientali a lavorare come "ragazze a tassametro" nelle case da tè. Ricordate la divertente commedia *La contessa di Hong Kong* di Charlie Chaplin, con l'accoppiata Sophia Loren e Marlon Brando? Un film che gioca le sue carte migliori proprio nella fase iniziale ambientata a Wanchai. Qui un ricco americano incontra una fascinosa duchessa russa (sull'autenticità del titolo non c'è da scommettere) che, in fuga dal suo paese, si è ridotta a lavorare nei locali notturni e trova l'amore e un'occasione di crearsi una nuova vita con un misto di candore e furbizia che fanno presto dimenticare le ascendenze partenopee e non russe della Loren. Una specie di *Pretty Woman* ante litteram, ma che ricostruisce perfettamente il clima di Wanchai negli anni sessanta.

Il mondo di Suzie Wong

Di tutte le vicende che le tre stradine di Wanchai evocano nella memoria del viaggiatore *Il mondo di Suzie Wong* è forse la più celebre e merita un ricordo più approfondito.

Il film del 1960 diretto da Richard Quine non si discosta molto dai melodrammi esotici prodotti sulla scia di *L'amore è una cosa meravigliosa*. Il protagonista, un artista occidentale innamoratosi di una prostituta che fa di tutto per nascondere la sua professione e si rivela in possesso di un cuore appassionato, è sempre William Holden, evidentemente ritenuto particolarmente aderente al ruolo. Benché alcuni critici italiani abbiano bollato il film di razzismo, la visione della vicenda (se riuscite a recuperare qualche cassetta, un compito estremamente difficile considerato che non esiste in DVD e la VHS è fuori catalogo non solo in Italia) non è così sgradevole. Quantomeno la protagonista femminile questa volta è un'autentica cinese (di San Francisco): Nancy Kwan. La Kwan ottenne un'insperata popolarità che seppe sfruttare anche con lo sfiorire della bellezza giovanile. Mi piace ricordarla in una piccola parte in *The Dragon*, il film celebrativo di Hollywood alla memoria di Bruce Lee, e in una serie di video sul taiji nei quali dimostra ancora tutta la sua grazia e la conoscenza di uno degli aspetti fondamentali della cultura del suo popolo.

Tuttavia la vera scoperta che nasconde *Il mondo di Suzie Wong* non sta nel film, ma è celata tra le pagine del romanzo dal quale fu tratto, storia decisamente più complessa e sfaccettata. Anche in questo caso non è semplice ritrovarlo. Ne ho ripescata una copia in fondo alla mia biblioteca dedicata all'Oriente, un ingiallito volume contenuto in un prezioso cofanetto rilegato in tela ed edito nel 1961 da Frassinelli che, a quei tempi, era ancora un "editore-tipografo di Torino", come recita il frontespizio. La traduzione di Massimo Giuliani rende bene la prosa asciutta di Richard Mason, e quell'immagine di un'affascinante taxi-girl – ovviamente in *cheongsam* blu notte – disegnata nella copertina interna invita a una lettura accurata.

Se ne ricava un'impressione realistica di quel mondo, ritratto da un autore che, evidentemente, l'aveva visto e vissuto personalmente prima di metter mano alla penna. Il protagonista narrante approda a Wanchai in cerca di un alloggio modesto e, tra stradine e incroci che oggi ritroviamo nel nome se non nell'aspetto, approda al Nam Kok, sulle prime giudicato un semplice night club, con spessi tendaggi alle finestre, luci rossastre e soffuse. A quel punto il suo sguardo indugia sugli avventori, il bancone del bar, le ragazze. In sordina un grammofono suona la canzone *Sette giorni perduti* e il giovane – assieme al lettore – rimane catturato da questo Oriente sensuale e insinuante, mai volgare. Al di là della vicenda sentimentale (per l'epoca scandalosa ma oggi quasi patetica) vale la pena di recuperare il romanzo per la limpidezza della prosa e la fotografia di una Hong Kong colorita e affascinante che, ormai, esiste solo nella nostra memoria.

Draghi di cristallo e acciaio

Allontanandosi a piedi da Wanchai è impossibile non alzare lo sguardo e restare intimoriti, e fors'anche affascinati, dal ciuffo di grattacieli che forano le nuvole.

Non si tratta dei vecchi mastodonti come la sede della Jardine & Matheson, il palazzo dell'Oro e la torre della Bank of China, che hanno fatto da sfondo a tante avventure sul finire del secolo appena terminato. Questi giganti in acciaio e cristallo dalle forme avveniristiche, sorti a una velocità da capogiro a mutare lo skyline della città, sono frutto della Nuova Cina, non solo di quella Hong Kong che rifiuta di farsi chiamare Xiang Gang come vorrebbe la dizione Putonghua (la "lingua comune"). Sono l'espressione dell'economia di mercato che, lentamente ma con sicurezza, anche Beijing sta accettando, sperimentandone gli effetti se non nella capitale almeno in quelle città-manifesto quali appunto Hong Kong e Shanghai.

Uno slalom tra i grattacieli permette al viaggiatore nuovi e affascinanti collegamenti con la fantasia.

Tra tutti svetta, con i suoi 415 metri d'altezza, il Two Internat Finance Center, quinto nella graduatoria dei palazzi più alti del mondo, dietro la Taipei 101 che misura più di 500 metri, le Petronas Towers di Kuala Lumpur (viste in *Entrapment* con Sean Connery), le Sears Towers di Chicago e la Jin Mao Tower di Shanghai. Un'allungata sagoma di missile, due distinti ascensori, un cavedio spettacolare interno e una linea rigorosamente esclusiva per raggiungere il novantesimo piano riservato ai *taipan*, il Two Internat Finance Center ha trovato scrittori e registi pronti a sfruttarne la spettacolarità ancor prima che fosse ultimato, nel 2003. Gli appassionati di videogiochi e cinema d'azione ricorderanno sicuramente *Tomb*

Raider - La culla della vita, il secondo film interpretato da Angelina Jolie e ispirato a uno dei videogame più famosi nel mondo. Gran parte della vicenda si svolgeva in Cina e in particolare a Hong Kong, dove la spericolata eroina e il suo occasionale compagno fuggivano dagli ultimi piani del Two Internat ancora in costruzione lanciandosi con una speciale tuta-paracadute in una delle più emozionanti sequenze aeree mai realizzate a Hong Kong. Io stesso, dopo la mia visita in quell'anno, ho ambientato lo scontro finale di *Vivere nel Buio* nel celebre grattacielo, per l'occasione diventato una torre delle comunicazioni e centro nevralgico delle nuove Triadi.

Ma la vicenda che forse meglio di ogni altra ha saputo sfruttare la spettacolarità dell'edificio e l'intrico di viuzze che s'intrecciano nella zona è *So Close* di Cory Yuen, circolato in sala e disponibile in DVD anche in lingua italiana. Film sottovalutato, vagamente ispirato a *Mission Impossible 2*, *So Close* vale la pena di essere recuperato, e non solo come viatico per una passeggiata tra i grattacieli di Victoria. Con l'abilità che lo contraddistingue Cory Yuen (altro noto maestro d'armi e stretto collaboratore di Luc Besson) dirige due delle nuove dive del cinema locale con mano sicura. Shuqi e Karen Mok sono poco note in Occidente ma rappresentano la nuova leva delle *femmes fatales* capaci di interpretare ruoli d'azione o sentimentali senza difficoltà. In questo film sono una killer e una poliziotta che s'inseguono e anche un po' si amano (i risvolti lesbici sono solo accennati ma evidenti e fanno parte dei canoni del genere) in una serie di inseguimenti mozzafiato e sparatorie nelle strade di Victoria. Il clou della vicenda si svolge agli ultimi piani del Two Internat Finance Center, con un combattimento forse non troppo realistico ma certamente pieno di suspense.

E, se proprio volete riempirvi gli occhi di tecnologia e altezze vertiginose, non potete mancare una visita al centro operativo della Hong Kong & Shanghai Bank, ormai risalente al 1985 ma dotato di una struttura architettonica singolare, che gli ha valso il soprannome di "gruccia per abiti". Situato al centro di

Queen's Road, a Central District, ricorda un marchingegno di tortura con meccanismi inesorabili pronti a essere azionati. Vale la pena di visitarlo o almeno passeggiarvi intorno, così come anche la bizzarra forma delle torri della Lippo indonesiana suggerisce qualche riflessione: in realtà le sezioni che sembrano spuntare dal corpo principale del doppio edificio sfidando la forza di gravità rappresentano dei koala stilizzati appesi a canne di bambù.

E, segno delle incongruenze che creano la magia di Hong Kong, anche tra questi mostri di modernità spuntano particolari inaspettati.

Se vi aggirate tra i cantieri – e ve ne sono di sempre nuovi in ogni angolo della città – vi accorgerete che le imprese di costruzione non impiegano mai impalcature di metallo ma solo e unicamente di bambù. Una tradizione dura a morire, un po' perché la canna è considerata portatrice di buona fortuna, un po' perché con le frequenti piogge il materiale metallico si arrugginirebbe troppo rapidamente…

Un altro particolare apparentemente strambo che salta all'occhio è il piano lasciato vuoto e senza vetri alle finestre a metà di qualsiasi grattacielo. Anche per tale soluzione ci sono due spiegazioni, una razionale e l'altra legata alle tradizioni più antiche della città. La ragione di quel piano vuoto è fondamentalmente pratica. Durante i tifoni il vento soffia a più di 250 chilometri orari e, se non trovasse un corridoio di sfogo al centro dei grattacieli più alti, ne comprometterebbe la struttura. La seconda motivazione s'intreccia con la precedente ma può lasciare perplesso il "razionale" turista occidentale; l'espatriato come me, invece, è incline ad ascoltare la voce della leggenda. Il drago che sta addormentato sulle colline ha bisogno di spazio vitale. Non gradisce che si costruisca in punti sbagliati della sua groppa ma, se pure accetta che vengano eretti sempre nuovi palazzi, almeno pretende che in suo onore si lasci almeno una finestra che gli permetta di respirare. Un'altra leggenda? Certo, ma non derogabile, neppure dai più agguerriti uomini d'affari della Cina moderna.

È arrivato il momento di esplorare un lato nascosto ma sempre presente della cultura locale, che trasuda dalla sua architettura. Il feng shui, l'arte della geomanzia che domina la costruzione delle case e la disposizione delle stanze, trova a Hong Kong alcune delle sue applicazioni più spettacolari.

Capitolo 13

Vento su acqua e altre magie

L'arte della geomanzia

Feng shui significa letteralmente "vento su acqua" e indica una di quelle antiche pratiche legate alla magia taoista e alle tradizioni millenarie cinesi di cui l'Occidente s'è appropriato, snaturandola in nome della moda e del design. Nelle nostre librerie ormai si sprecano magnifici volumi sull'arredamento realizzato secondo regole di una tradizione cinese di armonia e bellezza.

A Hong Kong con la superstizione e il rispetto delle forze della Corte di Giada, il magico reame che sta oltre ciò che l'uomo percepisce, non si scherza. Il *qi*, l'energia vitale che si studia nelle forme di arti marziali "interne" e ha stretti legami con la magia praticata dai monaci Wudang centinaia di anni prima dell'avvento del buddhismo, segue regole sue che poco hanno a che fare con il gusto occidentale. Quest'ultimo coglie qualche elemento a caso per arrangiarlo come meglio sembra vendibile.

Tutta la medicina tradizionale cinese, l'agopuntura, si basa sulla circolazione del *qi* nel corpo umano attraverso particolari meridiani su cui si può influire con aghi e pressioni. La leggenda del famigerato Tocco della Morte del quale erano esperti alcuni maestri di kung fu, si basava sulla capacità di provocare la morte a tempo percuotendo un punto vitale in una determinata ora e in un certo modo così da invertire o alterare il flusso dell'energia vitale. E, naturalmente, ogni creatura vivente, dagli animali alle piante, possiede un suo *qi*. Non solo, anche la terra appare regolata nei suoi ritmi e nelle sue funzioni dal libero passaggio del *qi*.

È il drago che non deve essere disturbato e al quale va concessa la possibilità di respirare tra i grattacieli, ma anche di venire ad abbeverarsi nelle acque cristalline di Repulse Bay. Se vi sembra un'esagerazione è sufficiente una gita nella sezione meridionale dell'isola di Victoria, presso una delle più famose baie della ex colonia. Sulla collina domina un orrendo casermone azzurro e rosa dalla forma ondulata, un complesso residenziale costato milioni di dollari ed eretto in spregio alle regole del feng shui sulla schiena del drago che stava sulla collina. Quell'enorme finestra quadrata che si apre al centro del palazzo fu la forzata concessione degli architetti ai geomanti e alla popolazione inferocita. Attraverso tale finestra il drago può scendere verso la baia e dissetarsi.

Ma non è l'unico caso in cui l'arte della geomanzia ha imposto le sue regole.

L'attività del feng shui, che richiede certamente una capacità di armonizzare elementi naturali e architettonici in modo da creare un complesso che sia, tra le altre cose, piacevole alla vista, impone difficili calcoli che il maestro-stregone esegue con una sorta di compasso chiamato *lopan.* La zona di Victoria, che ospita gli edifici governativi, è stata sempre considerata un capolavoro di geomanzia... almeno sino alla costruzione della Bank of China, che con i suoi spigoli ad angolo retto ricordava troppo una lama e veniva a disturbare l'armonia del flusso del *qi.* Ai tempi la sua costruzione suscitò quasi una sollevazione popolare e, considerato che il celebre istituto di credito era anche il fulcro delle attività di Beijing nella colonia, i costruttori del partito vennero a patti con la tradizione. I due leoni di bronzo di foggia occidentale che oggi montano la guardia all'entrata della banca richiamano i cani-leoni presenti all'ingresso di ogni tempio che si rispetti del Regno di Mezzo, e sono orientati in modo da ristabilire l'equilibrio del *qi.* Non solo, per tornare a ingraziarsi gli spiriti l'edificio fu inaugurato l'ottavo giorno dell'ottavo mese del 1988, con un profluvio di 8 inclusi nella ricorrenza proprio perché tale numero è foriero di buon *joss*.

Ma le regole del feng shui non riguardano solo le grandi opere: anche negli appartamenti alveare di Mong Kok la gente comune consulta i maghi geomanti per sapere in quale angolo posizionare la testiera del letto (mai rivolta verso l'ingresso, da cui potrebbero arrivare nemici e cattivi spiriti!). Se poi manca la vista sul mare, considerato sempre fonte di buona fortuna, è sufficiente acquistare un oceano in miniatura sotto forma di acquario. Nella nostra prima passeggiata orientativa da Kowloon abbiamo visto un'intera strada dedicata alla vendita di animali e di sofisticati acquari, molti dei quali, oltre a soddisfare la passione per i pesci dei cittadini di Hong Kong, hanno una più pratica funzione di portare buona fortuna.

Un discorso particolare meritano gli spiriti, che possono presentarsi sotto ogni forma e, subdolamente, cercano d'infilarsi in abitazioni e luoghi di culto per tormentare i vivi. Se ci fate caso, in tutti i templi cinesi si accede attraverso una porta che non solo è collocata asimmetricamente rispetto al fulcro principale dell'edificio, ma è dotata anche di un gradino da oltrepassare. Questo perché i cattivi spiriti, notoriamente, strisciano e non sono in grado di superare gli ostacoli; inoltre, muovendosi in linea retta, finiranno per sbattere il muso sulla parete se la porta è spostata rispetto all'asse del centro dell'edificio di culto. In casa molti tengono alle finestre piccoli specchi ottagonali circondati da combinazioni di linee rette e spezzate che riproducono i trigrammi dell'*I Ching*, il principale testo di divinazione della cultura tradizionale cinese. Si tratta di una combinazione, quella tra specchi e trigrammi, ispirata agli insegnamenti del pakwa, uno degli stili di kung fu definiti "interni" come il taiji. La potenza dei trigrammi abbinata a quella della superficie riflettente (in cui gli spiriti si specchiano spaventandosi) dovrebbe proteggere il proprietario della casa dalla cattiva sorte.

Con la protezione della dea del mare

Crediate o meno alla potenza del sovrannaturale, è impossibile non rimanere colpiti dal parco a tema realizzato nei pressi della terrazza sul mare a Repulse Bay.

La zona, considerata ancora oggi una delle spiagge più alla moda di Hong Kong, racchiude magiche tradizioni nella conca naturale circondata da boschi e picchi che salgono sino al punto più alto dell'isola. Oltre all'orrendo edificio di cui parlavamo prima, costruito con la "porta per il drago", ospita il Repulse Bay Hotel che, sebbene accolga diversi locali decisamente occidentali come il McDonald's – un vero pugno nell'occhio per il turista –, è ancora meta ricercata del jet set.

Nell'aria con un po' di fantasia il visitatore può cogliere ancora le eco delle grida di battaglia e delle cannonate della *HMS Repulse,* che nella seconda metà dell'Ottocento respinse un attacco di pirati che depredavano le navi mercantili.

Poco oltre la baia c'è una terrazza dominata da un gazebo, da un ponte e da un profluvio di statue di draghi, mostri, saggi della montagna dai colori vivaci che non possono dirsi realmente di buon gusto ma attirano l'attenzione di turisti e gitanti. È più un'attrazione per bambini che una vera meta turistica, ma – e qui torniamo al concetto della cultura locale come un enorme calderone di zuppa dove si mescolano elementi disparati – vi si trova anche una grande statua raffigurante la dea Tin Hau che benedice i naviganti. Non si tratta di una figura grottesca, ma di un omaggio a una delle divinità femminili più amate di tutta Porto Fragrante.

Tin Hau, regina dei cieli e protettrice dei naviganti, vanta decine di templi, tra cui uno di grandi dimensioni a Kowloon e uno a Causeway Bay, presso una delle insenature naturali che forniscono riparo durante i tifoni. Pare che Tin Hau fosse figlia di un funzionario di Foochow vissuto nel X secolo e che, caso abbastanza raro per una donna cresciuta in un ambiente sociale maschilista e retrogrado, studiò medicina e sviluppò una particolare capacità taumaturgica. Da qui ad acquisire poteri sovrannaturali e diventare la protettrice di un popolo che, per la maggior parte, trae il proprio sostentamento dal mare, il passo fu breve. Alla sua morte venne divinizzata e ancora oggi, durante la festa in suo onore, si celebrano magnifiche processioni di giunche per invocarne la benevolenza. La statua esposta nel bizzarro museo di Repulse Bay svetta su tutte le altre e mostra una serenità, con i suoi marmi bianchi, che rifulge tra draghi e leoni dai colori troppo accesi.

Gli zingari del mare

Proseguendo nella sezione meridionale dell'isola arriviamo a quello che forse è stato lo scenario più rappresentato nei film d'avventura degli anni settanta. Chi non ricorda Bruce Lee a bordo di un *walla-walla* mentre raggiunge la giunca del cattivissimo Han tra i canali di imbarcazioni all'inizio dei *Tre dell'Operazione Drago*?

Quanti avventurieri e agenti segreti hanno vissuto momenti drammatici inseguendosi tra le giunche di Aberdeen, la città galleggiante che ospita il ristorante Jumbo, bruciato completamente nel giro di una notte ma tornato oggi a essere un arcobaleno di luci nel buio per la gioia dei turisti.

Siamo nella città degli zingari del mare, gli hoklo, che per molto tempo si sono rifiutati di scendere a terra costretti da superstizioni che volevano il loro *qi* legato indissolubilmente al mare.

Aberdeen, che prende evidentemente nome dall'omonima cittadina scozzese, è nata come rifugio per difendere le imbarcazioni dalla furia del tifone, ma ha progressivamente sviluppato una sua cultura specifica. Per decenni ha ospitato una vera e propria città di giunche e case galleggianti fornite di antenne televisive e ogni altro confort, un intrico di canali dove ci si sposta con i sampan a motore ma anche con i *walla-walla* a remi, condotti da barcaiole-bambine che la più tradizionale iconografia del luogo vuole sempre con un fagottino di pochi mesi allacciato alle spalle.

Oggi sono sempre meno coloro che vivono sulle giunche e il villaggio mantiene un numero limitato di imbarcazioni più che altro come attrazione turistica. Al limitare di Aberdeen, infatti, si affacciano gli imbarcaderi da cui, con poche decine di dollari, è possibile partire per un giro panoramico nei canali della città galleggiante tra barche che vendono cibo cotto all'istante e sguardi incuriositi di bambini e vecchietti. Una nota di colore tipicamente per stranieri ma che ancora frutta qualche guadagno, soprattutto alle *mama-san* che gestiscono il traffico turistico, un affare remunerativo nel quale gli uomini sono esclusi dalle posizioni di comando. È curioso notare che anche il vicino mercato del pesce, che apre alle quattro del mattino, è gestito quasi esclusivamente da donne manager che, in tuta e stivaloni, controllano carichi e consegne comandando a bacchetta un esercito di scaricatori tatuati.

Poco distante, vicino ai condomini costruiti per accogliere i sempre più numerosi "zingari del mare" che preferiscono scendere a terra per la notte, c'è un enorme cimitero. Quello sulla Peel Rise è uno scenario spesso immortalato dal cinema. Qui Bruce Lee – sempre nel citato film *I tre dell'Operazione Drago* – veniva a chiedere agli antenati il permesso di poter combattere di nuovo e in questo stesso scenario di lapidi e tombe dalle forme bizzarre si sono svolte numerose scene madri dei film noir degli ultimi vent'anni. A prima vista il cimitero, con la sua estensione e, soprattutto, con la sua posizione al centro di una zona densamente popolata, potrebbe sembrare un controsenso, addirittura di pessimo gusto. Ma, sempre secondo la geomanzia, i defunti gradiscono la sistemazione su quella collina e nessuno trova triste e di cattivo augurio la presenza del cimitero.

La mia esperienza con il fantastico orientale

Il primo racconto fantastico di ambientazione orientale l'ho scritto più di vent'anni fa, sui banchi del liceo, stimolato dal mio professore che invece del solito tema chiedeva una storia gotica. Erano gli anni settanta, e da poco mi era capitato di vedere, nel passaggio televisivo su una stazione privata, un curioso film co-prodotto dalla Hammer inglese e dalla Golden Harvest di Hong Kong. Malgrado le condizioni non proprio perfette della pellicola, qualche disturbo di emissione e un'insopportabile valanga di interruzioni pubblicitarie, *La leggenda dei sette vampiri d'oro* mi aveva colpito, suscitando fantasie che trovarono sfogo nel racconto buttato giù in un paio d'ore a riempire quattro fogli protocollo. Inspiegabilmente il mio sforzo creativo piacque al professore, che lo ricompensò con il massimo punteggio, soddisfazione che mi conquistò una mezza fidanzata tra le mie stupite compagne di classe e, soprattutto, l'idea che forse, in un lontano futuro, scrivere avrebbe potuto diventare qualcosa di più di un passatempo. Archiviai l'esperienza, continuando per molto tempo a scrivere solo per diletto senza che nessuno riconoscesse qualche seppur minimo valore alla mia vena creativa, e misi nel cassetto le emozioni che il film di Roy Ward Baker – che in seguito riuscii a procurarmi in VHS in una versione passabile – e la mia fantasia avevano associato al connubio horror-Oriente. Come si dice, trascorsero gli anni... L'hobby della narrativa divenne (faticosamente) un lavoro e con esso crebbe anche la passione per l'Asia. All'inizio degli anni ottanta mi capitò di vedere un altro film, americano questa volta, che prendeva allegramente in giro il filone del kung fu e della magia cinese. *Grosso guaio a Chinatown* segnò il tracollo della fortuna cinematografica di John Carpenter ma, con il suo baraccone farraginoso di effetti speciali e scoppi d'energia colorata, riuscì a riportarmi alla memoria emozioni dimenticate. In Occidente la pellicola fu un disastro, ma io decisi che mi piaceva e che la magia cinese era un argomento che meritava di essere approfondito. Non sapevo ancora che Carpenter aveva tratto ispirazione da *Zu, Warriors from the Magic Mountain* di Tsui Hark, una delle più riuscite rivisitazioni della mitologia fantastica orientale, di cui ho già avuto modo di parlare.

Viaggio in Asia da più di vent'anni e, tra le centinaia di storie che ho raccolto, moltissime sconfinano nel fantastico: non di rado mi succede di tuffarmi in una vera e propria caccia a tutte le tradizioni dell'ignoto che mi capiti d'incontrare. Dire che anche l'Oriente possieda un patrimonio fantastico è riduttivo: per alcuni versi l'Asia vanta un insieme di miti e leggende forse superiore a quello occidentale. A volte è possibile rintracciare dei punti di contatto stimolati da scambi culturali avvenuti in tempi recenti ma, in realtà, si tratta di due regni immaginari ben distinti. La prima differenza che salta agli occhi al ricercatore accorto è che, mentre da noi nessuno crede seriamente a vampiri, morti che ritornano, fantasmi e lupi mannari, in gran parte dei paesi orientali la convinzione che il sovrannaturale esista e possa influenzare la vita di ognuno è profondamente radicata. Come sempre avviene in Asia, storia e mito s'intrecciano in maniera così coinvolgente da non essere facilmente distinguibili.

Draghi, demoni, spiriti che ritornano, zombie e perfino vampiri e licantropi: l'Oriente è pieno di queste strane creature e dei segni che la loro presenza lascia nella vita e nelle abitudini della gente. Nessuno farebbe nulla nei quartieri della città vecchia di Guangzhou senza aver consultato un indovino, e neppure le Guardie Rosse hanno osato abbattere il gradino alla base delle porte di alcuni edifici pubblici posizionato per impedire il passaggio dei cattivi spiriti. La ricerca delle tradizioni del fantastico orientale è un viaggio affascinante e senza fine, giacché si scopre che in ogni angolo, in ogni piccolo villaggio sperduto, spuntano creature e miti che la superstizione, ma anche la fantasia, mantengono vive ancor oggi.

Non risulta così incredibile la realizzazione di film come *The Holy Virgin versus the Evil Dead* (più o meno "La Santa vergine contro il Morto Vivente"), ambientato in Indocina e ricco di tutte le tradizioni mistico-magiche orientali mescolate assieme. Ho visto sfide tra stregoni, a Bali, che impedivano a interi paesi di chiudere occhio la notte; ho sentito raccontare vividamente la leggenda della donna-volpe che seduce e rapina i viandanti sui sentieri delle alpi giapponesi; mi hanno parlato del fantasma di una fanciulla che aleggia per i vicoli di Bangkok lievitando con il feto del suo bimbo mai nato, e giurerei di aver sentito sibilare un *jinn* tra le montagne dell'Hindukush. Certo, una volta di rientro a casa è facile ridere di tutto questo, ma là, dall'altra parte del mondo, nella giungla o nei vicoli bui di una città dove riecheggiano voci indistinguibili...

Di fatto gran parte del corpus di miti fantastici dell'Oriente si radica nella magia taoista, una forma di religione-filosofia originaria delle montagne del Wudang e dalla quale hanno tratto ispirazione la medicina cinese, l'agopuntura e tutti gli studi sull'energia interna delle arti marziali. Il taoismo non è argomento da potersi divulgare in poche righe senza una conoscenza di anni: più modestamente mi limito a pensare che nella maggior parte dei casi in cui mi sono imbattuto in fenomeni o racconti sovrannaturali in Asia, il taoismo, con il suo miscuglio di alchimia, stregoneria e saggezza, fosse presente. Da questo punto di partenza la fantasia ha lavorato alacremente. In tutta l'Asia è ampiamente diffusa una ricca letteratura che si nutre di fantasmi, creature capaci di trasformarsi in animali, maledizioni e stregoni in lotta perenne. Basti pensare al già citato *Strane storie dello studio di Liaozhai*, o ai canovacci dell'Opera di Beijing, per farsi un'idea della prolificità della produzione fantastica orientale. Ma la Cina non vanta il primato assoluto in quanto a fantasie legate al sovrannaturale: è sufficiente una lettura superficiale del *Mahabharata* indiano e dei romanzi del giapponese Hiroshi Haramata per rendersi conto che, dall'antichità a oggi, la letteratura asiatica ha sempre attinto a piene mani dalle suggestioni dell'ignoto e del meraviglioso. Personalmente mi sono fatto un punto d'onore di svolgere, ogni volta che mi capita di arrivare in una nuova città orientale, una perlustrazione nelle librerie che pubblicano materiale in lingua inglese alla ricerca di racconti fantastici. La rivelazione è stata stupefacente: negli ultimi anni c'è stato un proliferare di questo genere di narrativa, per la maggior parte grazie a rielaborazioni di testi classici, ma anche con un buon numero di nuove produzioni che lasciano ben sperare per il futuro. Se anche voi, come me, vi lascerete prendere dalla passione della ricerca del sovrannaturale in Asia, il primo passo (distante da Hong Kong solo se affrontiamo l'argomento con criteri troppo rigidi) è uno straordinario romanzo italiano firmato da Tiziano Terzani.

Un indovino mi disse è la storia di un uomo cui viene predetto di non viaggiare in aereo per un anno intero. Terzani, ai tempi inviato in Indocina, sente che c'è qualcosa di vero in tale avvertimento e rinuncia il giorno successivo a un reportage a bordo di un elicottero che... cade per un incidente. Inizia così un anno di pellegrinaggi in tutto il Sud-Est asiatico in treno, in auto, in battello, tutto fuorché a bordo di un velivolo. Durante questo periodo Terzani si dedica alla ricerca di indovini, maghi e cartomanti in tutta l'Asia fornendo un ritratto inedito, a volte inquietante ma sempre affascinante, della realtà magica dell'Oriente.

Muovendomi più modestamente tra le leggende sovrannaturali di Hong Kong attraverso cinema e letteratura, le figure che mi è capitato di incontrare più di frequente sono i "cadaveri saltellanti", una sorta di zombie di solito rappresentati con la tipica tunica dei mandarini e il buffo cappello ornato con un bottone d'oro e una piuma di pavone. Per tradizione sono infelici riportati in vita da qualche mago taoista e costretti a scorrazzare per le campagne alla ricerca di vittime da spaventare. In casi particolarmente gravi, e per il maleficio di un mago, possono diventare vampiri succhiasangue, ma più che i nipotini di Dracula ricordano gli zombie carnivori di Romero. Niente paura, per metterli a dormire per l'eternità basterà affiggere loro sulla fronte un esorcismo scritto su carta di riso. Alcuni esperti sostengono che spade di quercia rossa e sangue di cane nero possano essere d'aiuto…

Dal regno dei morti possono anche ritornare eteree fanciulle, sotto forma di ectoplasma. Se le incontrate vicino a un lago, state in guardia: si tratta di spiriti di donne traditrici, annegate in una gabbia di bambù. Hanno la tendenza a innamorarsi dei viandanti di bell'aspetto, ma si tratta di passioni peccaminose dalle quali non può nascere nulla di buono.

Un'ultima menzione meritano le creature mannare, i Cangianti, che possono assumere forma umana e animale a piacimento, di solito con conseguenze disastrose per gli uomini. Una curiosità: mentre da noi l'animale che più comunemente può assumere forma umana (e viceversa) è il lupo, in Asia è il gatto. Se poi si tratta di una gatta... guai in arrivo.

Fantasia? Sogno? Una realtà più sottile che solo pochi sono in grado di cogliere e la logica moderna respinge? Pensatela come vi pare, quest'universo fatato se la ride della vostra opinione. Esiste e basta. E, forse, potrebbe riservarvi qualche sorpresa.

Capitolo 14

La maledizione del Drago

L'odio negli occhi, la morte nella mano

Un itinerario a Hong Kong alla ricerca delle tracce lasciate nella fantasia da leggende, romanzi e film non può prescindere dall'epopea del kung fu. Non per me, almeno, che ho tratto dall'esperienza delle arti marziali non solo ispirazione per molti dei miei lavori ma anche un bagaglio di emozioni che fa parte della mia persona.

Più volte nel nostro cammino ci siamo imbattuti nei segni che l'arte marziale –"esterna" o "interna", spettacolare o violenta, leggendaria o reale – ha impresso nella vita di Hong Kong. Già dovremmo sapere che il kung fu non è solo un sistema di lotta e che ne esistono differenti varianti. Il cinema e la letteratura, l'intera cultura cinese è pervasa dal *wu*, la "via" marziale, sin da tempi immemorabili.

L'immagine che più di ogni altra rappresenta il legame indissolubile con questo mondo, a volte violento a volte incredibilmente sfaccettato, è quella di un personaggio che, a più di trent'anni dalla morte, ancora tutti ricordano distintamente. Bruce Lee è l'icona stessa di Hong Kong ed è possibile incontrarne l'effige sui manifesti pubblicitari agli angoli delle strade, vederne la statua a grandezza naturale sulla Avenue of Stars, la via del Cinema appena inaugurata nel 2006 sulla promenade di Kowloon e trovarne i film in DVD presso qualsiasi rivenditore. Nel 2000, chiacchierando con un giornalista che si occupava di spettacolo a Hong Kong, gli chiesi se ritenesse Jackie Chan un personaggio più importante di Bruce Lee nel panorama del cinema di arti marziali della città. Mi rispose scandalizzato che

Siu Loong, il Piccolo Drago, era unico e non ci sarebbe mai stato un altro come lui.

Ripercorrendone brevemente la vita e la carriera credo che avesse ragione, soprattutto perché anche la sua è una storia emblematica di Hong Kong.

Bruce Lee, la leggenda del Piccolo Drago

Bruce Lee non ha bisogno di presentazioni. Le sue spettacolari tecniche di calcio, le movenze, le urla durante il combattimento e il fisico piccolo ma estremamente compatto gli hanno guadagnato una fama imperitura. La sua immagine è diventata il simbolo stesso dell'artista marziale in tutto il mondo. Lee Siu Loong (o Li Xiaolong in mandarino) lo chiamano ancora a Hong Kong, il Piccolo Drago, un mito che incarna l'immagine del campione di arti marziali ma è anche la summa della concezione dell'eroe moderno cinese.

Figlio d'arte – il padre era un attore dell'Opera cinese – Bruce Lee calca le scene del cinema di Hong Kong sin da giovanissimo, dividendo il suo tempo tra la palestra di Wing Tsun del maestro Yp Man e i set di un gran numero di film giovanilistici prodotti nella colonia inglese. La sua ambizione, però, resta il grande cinema, e questo, nei suoi sogni, si identifica con Hollywood.

Trasferitosi negli Stati Uniti, il giovane Bruce tenta la scalata alla mecca del cinema con grandissima testardaggine e poca fortuna. Il cinema hollywoodiano è sempre stato avaro di ruoli per gli orientali, tra i quali sono stati sempre privilegiati i giapponesi. Quando l'orientale diventava protagonista a quei tempi si ricorreva a un occidentale appositamente truccato. La più cocente delusione del periodo americano per Bruce Lee è certamente la serie di telefilm *Kung Fu*, ambientati tra il monastero di Shaolin e il West. A questo progetto Bruce si dedica con passione ma gli viene preferito il figlio di uno dei più noti caratteristi di Hollywood, David Carradine che, pur conoscendo solo i rudimenti delle arti marziali, diviene un divo del kung fu malgrado il suo aspetto decisamente poco orientale. Con caparbietà Bruce continua a battere le sale di audizione e insegna la sua versione del kung fu: il jeet kune do, un misto di vari stili finalizzato alla difesa personale. Grazie ad alcune amicizie riesce perfino ad approdare a una serie televisiva, *Green Hornet,* dove recita sempre con una mascherina e impersona il ruolo tipico riservato ai cinesi: il maggiordomo.

Nonostante i telefilm di *Green Hornet* siano tra le opere più stupide e mal girate di tutta la produzione televisiva americana, Bruce riesce, in alcune occasioni, a farsi notare per l'abilità con cui interpreta le scene di combattimento. Scritturato per alcuni episodi del serial *Longstreet*, approda anche, in un ruolo da cattivo, in un discreto film d'azione interpretato da James Garner, *L'investigatore Marlowe.*

Deluso dall'esperienza americana, Bruce torna a Hong Kong dove lo aspetta una sorpresa. *Green Hornet* ha riscosso un successo senza precedenti nella colonia, proprio grazie alla sua presenza. Bruce diventa, per la comunità cinematografica orientale, il simbolo del cinese di successo nel mondo dei *gweylo*. I produttori lo richiedono e i registi fanno la fila per averlo nei loro film. Scritturato da Raymond Chow per un film diretto da Lo Wei, Bruce parte per il set in Thailandia. *Big Boss* (in Italia *Il furore della Cina colpisce ancora*) è, a eccezione di un paio di scene di combattimento, decisamente un brutto film. La storia è un'escalation di violenza nella quale il personaggio di Bruce è trascinato suo malgrado. Ha infatti promesso alla madre di non combattere più, almeno sinché porta al collo un medaglione di famiglia. Durante una colluttazione tra operai cinesi sfruttati e crumiri al soldo del cattivo di turno il medaglione si spezza e il giovane può infrangere la promessa. Dopo aver sterminato la banda di malfattori, Bruce ne affronta il boss che soccombe al termine di un duello epico: è la parte meglio riuscita di una pellicola di "filone" senza grandi originalità.

Alla sua fortuna non deve credere molto neppure Raymond Chow, che presenta il film quasi in sordina, senza alcuna pubblicità. Il successo, invece, è incredibile: tre milioni di dollari incassati in poche settimane. Il pubblico si passa la parola e decreta il trionfo del suo interprete. In seguito Bruce riuscirà a imporsi su Lo Wei per rendere i combattimenti più realistici e drammatici, consapevole che il suo pubblico vuole realismo e non trucchi da baraccone.

Il film successivo, *Fist of Fury* (*Dalla Cina con furore*), impone Bruce Lee non solo sul mercato orientale ma anche nelle platee occidentali come il divo del kung fu per antonomasia. Questa volta il cast, l'ambientazione e la trama sono nettamente migliori e, per lo standard di Hong Kong, si tratta di un film a grosso budget. La storia si inquadra in quel particolare filone conosciuto come "scuole rivali", in seguito abusato: *Fist of Fury* rimarrà un capolavoro inimitabile ma spesso imitato, poco dopo la morte di Bruce con un *Fist of Fury II* e nel 1994 con un *Fist of Legend* diretto da Gordon Chan con un Jet Li scatenato. Sebbene la trama riecheggi quella di un altro film *gongfu* di Jimmy Wang Yu – *The One Armed Boxer* (in Italia *Con una mano ti rompo, con due piedi ti spezzo*), a sua volta ricalcato sul già citato *The One Armed Swordsman* – il risultato è eccellente. Il personaggio interpretato da Bruce fa ritorno in una Shanghai dove i giapponesi, rappresentati dalla scuola di karate di Suzuki, dettano legge. Il giovane, che apprendiamo subito essere una testa calda, fa appena in tempo a vedere il funerale del suo maestro, avvelenato da misteriosi assassini (Ho Yun Chia, personaggio storico, capo di una delle più famose scuole del paese e realmente perito in circostanze mai risolte). La disperazione dell'eroe per la perdita del maestro-padre assume naturalmente toni sopra le righe, come è tradizione cinese, ma l'intensità di certi sguardi di Bruce rende la vicenda credibile anche per il pubblico occidentale. Non ci vuol molto a scoprire che gli assassini sono proprio i giapponesi, decisi a far chiudere la scuola di kung fu. Il temperamento irrequieto di Bruce provoca una reazione violenta dei giapponesi, che prima si rivolgono alla polizia corrotta poi massacrano i compagni dell'eroe. Qui scatta la vendetta di Bruce, che affronta in gruppo e singolarmente tutti i cattivi in una serie di duelli memorabili che resteranno impressi nella memoria di tutti gli appassionati del genere. Come è ovvio, la vendetta sconvolge pesantemente Bruce, che si vede costretto a consegnarsi alla polizia pur di consentire ai superstiti della sua scuola di continuare l'attività. Piuttosto che finire in prigione il giovane affronta i fucili della polizia in una sequenza di rara drammaticità. Conscio dei suoi errori e dell'ineluttabilità della sconfitta finale, Bruce rivolge uno sguardo sconsolato alla fidanzata (l'attrice Nora Miao, apprezzata interprete di film di kung fu) e salta verso le canne dei fucili. L'immagine congela su quell'ultimo salto di fronte alla morte. In questo film Bruce Lee raggiunge il suo apice come attore e artista marziale, dimostrando di non essere solo uno sportivo ma anche un interprete in grado di rivaleggiare con i colleghi americani. Le ambientazioni – rigorosamente tutte in interno – e le coreografie di combattimento sono di ottima fattura e il film merita sicuramente un posto d'onore nella cineteca d'azione. La storia è profondamente influenzata da un elemento di grande richiamo per il pubblico orientale: la riscossa del popolo cinese contro gli invasori giapponesi. Un elemento che trova la sua più ampia drammaticità nella scena in cui Bruce malmena alcuni giapponesi che vogliono impedirgli l'entrata a un parco su cui sta la scritta «Vietato l'ingresso ai cani e ai cinesi», particolare questo realistico, almeno durante l'occupazione giapponese del Sud-Est asiatico. Una tale carica campanilistica avrebbe dovuto rendere astrusa la pellicola per un pubblico non cinese, ma la forza catartica del film è tale da porre questo elemento in secondo piano. In pochi mesi *Fist of Fury* conquista i primi posti nelle classifiche di tutto il mondo, Giappone compreso, dove Bruce Lee è ormai un mito.

The Return of the Dragon, (in Italia *L'urlo di Chen terrorizza anche l'Occidente)* doveva essere, nelle intenzioni, un film minore destinato solo al mercato orientale. La prematura morte di Bruce Lee e il successo riscosso dal film, per molti versi mediocre e ingenuo, convinsero i distributori a importarlo anche in Occidente con grande successo. Anche qui Bruce impersona un giovane cinese emigrato, questa volta in Italia, a Roma. Tutta la storia è costruita per portare a un duello finale tra le mura del Colosseo. Per quanto la trama risulti scontata e a volte involontariamente comica, il finale del film riscatta i difetti di questa pellicola della quale Bruce Lee fu anche regista. Chuck Norris, sette volte campione del mondo di karate, interpreta la parte di un killer. Il loro duello assume toni epici sia per la cornice sia per la coreografia, che oppone la geometrica potenza degli stili giapponesi alla scattante duttilità del kung fu di Bruce Lee. A malincuore il protagonista finisce l'avversario decretandogli poi l'onore delle armi, proprio in virtù del suo coraggio e dell'abilità marziale dimostrata nella lotta.

È venuto il momento per Bruce Lee di riprendersi la rivincita su Hollywood. Attirati dalla sua popolarità, i produttori della Warner lo ingaggiano per un film d'avventure girato con criteri occidentali e mezzi proporzionati alla scrittura di un divo ormai affermato e, all'epoca, popolare quanto Bronson e Eastwood.

Enter the Dragon (*I tre dell'Operazione Drago*) è considerato dalla critica il miglior film di Bruce Lee ed è stato premiato, almeno in Occidente, da incassi favolosi rispetto al budget stanziato. A Hong Kong tuttavia suscitò ampie critiche e non è difficile immaginare perché. Il ruolo di Bruce non è di assoluto protagonista e, rispetto ai film precedenti, risulta ridimensionato soprattutto nella psicologia. Bruce interpreta la parte di Lee, una specie di 007 cinese cinico e silenzioso, molto lontano dai personaggi passionali che lo avevano contraddistinto in precedenza. In effetti Bruce parla pochissimo, limitando la sua interpretazione a sguardi intensi che per il pubblico occidentale incarnarono tutto il mistero del guerriero orientale, ma furono giudicati poco coinvolgenti da quello cinese. Di fatto *I tre dell'Operazione Drago* è un ottimo film d'azione che rispecchia il modo di concepire l'Oriente degli sceneggiatori hollywoodiani. Bruce comprende immediatamente che *Enter the Dragon* rappresenta una possibilità irripetibile di sfondare nel mercato americano. Vi profonde ogni sforzo anche a rischio della sua personale salute, ma non può vedere il risultato dei suoi sacrifici.

Il 10 luglio 1973, pochi giorni prima dell'uscita ufficiale del film nelle sale americane, viene trovato morto a Hong Kong nell'appartamento dell'attrice Betty Ting Pei.

L'ultimo combattimento di Chen

Sebbene gli siano stati attribuiti altri innumerevoli film, Bruce Lee girò in età adulta solo quattro lungometraggi (più alcune sequenze di un quarto di cui parleremo) che furono sufficienti a conquistargli una fama ancora oggi ineguagliata.

Con clamore, accompagnato da uno strascico di polemiche e scandali, il Piccolo Drago fa la sua uscita di scena. Se pure ne aveva bisogno, il mito di Bruce Lee trovò una definitiva consacrazione proprio con la sua prematura morte. A dispetto delle circostanze non proprio chiare del decesso di Lee, il pubblico dei suoi fan decretò proprio in quel momento il suo ingresso nel pantheon degli eroi.

Le scene del funerale svoltosi a Hong Kong tra una folla letteralmente impazzita sono la più evidente testimonianza che l'immagine del divo aveva ormai trasceso quella dell'uomo. Di più, sulle circostanze del decesso nacquero numerose leggende che ancora oggi ammantano l'intera vicenda di un alone mistico che ha contribuito a rivitalizzare negli anni il mito del re del kung fu. Dopo la morte di Bruce furono girati innumerevoli film che cercavano di ricostruirne le ultime ore trovando, ovviamente, risposte fantasiose e suggestive al mistero di quel decesso che a tutti sembrava impossibile fosse stato determinato da cause naturali. Ninja, assassini orientali, la mafia e chi più ne ha più ne metta. Il filone *gongfupian* si era arricchito di nuove tematiche e, dobbiamo ammetterlo, alcuni di questi film non furono affatto male, almeno sotto il profilo della fiction.

Da segnalare certamente *Game of Death* (uscito nelle sale italiane con il titolo *L'ultimo combattimento di Chen*) che si eleva sopra la miriade delle pellicole ispirate a Bruce per la presenza... di Bruce Lee stesso.

Il mistero – almeno questo – è presto risolto. Prima di essere chiamato a girare *I tre dell'Operazione Drago,* Bruce stava lavorando a un personale progetto che, secondo le sue intenzioni, avrebbe dovuto pronunciare una parola definitiva riguardo alle arti marziali. La storia prevedeva la scalata piano per piano a una mitica pagoda in Corea da parte di Lee, l'eclettico artista marziale seguace del metodo-non metodo jeet kune do. La trama era estremamente semplice, anzi si trattava di un pretesto per mostrare scene di combattimento in cui Lee affrontava a ogni piano della pagoda esperti di differenti arti marziali. Con questo progetto Lee intendeva dimostrare come un artista marziale moderno, con una mentalità sufficientemente elastica da prendere ciò che è utile da ogni metodo tralasciando i gesti formali e coreografici, fosse in grado di adattarsi a qualsiasi tipo di avversario. La prova più difficile doveva essere all'ultimo piano, dove era in attesa un esperto proprio di jeet kune do, impersonato dal campione di basket Kareem Abdul Jabbar, grande amico del Piccolo Drago.

Del progetto, alla morte di Bruce, non rimanevano che una ventina di minuti di pellicola, tre scene di combattimento già famose prima di uscire sugli schermi. Con un'operazione intelligente Raymond Chow decise di utilizzare il materiale girato inserendolo in una storia nuova che, guarda caso, ricalcava la leggenda di Bruce Lee. Questi (impersonato per l'occasione da cinque artisti marziali che si alternavano, aiutati anche da inserimenti di primi piani tratti da altri film di Bruce) veniva presentato come un divo del cinema di Hong Kong (nel film ribattezzato Billy Lo) perseguitato da un sindacato del crimine al quale naturalmente non cede, pagando caro il suo rifiuto. Dato per morto – qui furono inserite le scene dell'autentico funerale di Bruce –, Lo si applica una barba finta che lo accompagna sino alle scene della resa dei conti finale, dove lo spettatore può vedere il vero Lee ancora una volta in azione. A dirigere il film fu chiamato Robert Clouse, già regista dei *Tre dell'Operazione Drago*, mentre le scene di combattimento aggiuntive furono coreografate da Sammo Hung.

L'ultimo combattimento di Chen è decisamente un buon film: girato con tecniche e criteri occidentali, riesce a far rivivere Bruce Lee nel rispetto del suo mito e, bisogna ammetterlo, molte delle scene di lotta aggiunte sono migliori di quelle dei film originali. L'ipotesi che l'omicidio di Bruce Lee sia opera delle Triadi è suggestiva anche se le circostanze sono del tutto irrealistiche. Billy Lo infatti non muore, ma viene ferito gravemente proprio durante la scena finale di *Fist of Fury*, qui ricostruita alternando sequenze del film originale a nuovi momenti d'azione.

Morte accidentale di una star

In effetti molte sono le ipotesi sulla morte di Bruce Lee e alcune di esse non sono del tutto inattendibili. Per comprendere come queste teorie abbiano trovato fondamento è importante rendersi conto che Bruce Lee aveva effettivamente numerosi nemici, non solo nell'ambiente del cinema ma anche in quello delle arti marziali. I suoi atteggiamenti provocatori verso le scuole tradizionali, da lui considerate inefficaci e pubblicamente sbeffeggiate in varie occasioni, dovevano aver suscitato notevoli risentimenti. Se a ciò si aggiunge che Bruce Lee fu il primo cinese ad aprire l'insegnamento dell'arte cinese agli occidentali, ipotizzare che qualche maestro geloso ne abbia decretato la condanna a morte non è pura fantasia. Oltre a ciò le circostanze del decesso, come abbiamo detto, non sono mai state interamente chiarite.

Bruce fu trovato morto in casa di Betty Ting Pei, attrice alquanto nota nel mondo cinematografico cinese per la sua condotta sessualmente spregiudicata fuori e dentro il set. Le cause della morte non sono accertate. Si parlò di una reazione a catena provocata dall'intolleranza a un farmaco analgesico, l'Equalges, di tracce di *cannabis indica* nell'organismo di Bruce, ma anche di inspiegabili versamenti di sangue nei polmoni dell'attore. L'ipotesi dell'overdose – soprattutto di marijuana – non è accettabile: come molti personaggi di spettacolo sottoposti a forti stress, Bruce Lee faceva uso di sostanze eccitanti, ma dosi moderate di *cannabis indica* non sono sufficienti a provocare la morte, tanto più se si considera l'attenzione maniacale che Lee riservava alla cura del proprio corpo rifiutandosi di ingerire qualsiasi tipo di sostanza chimica.

Di fatto la sentenza del coroner al termine dell'inchiesta fu di "morte accidentale". Ogni altra ipotesi rimane nel mondo della fantasia e del pettegolezzo. E forse è meglio così.

Bruce Lee maestro

Alcuni irriducibili mitomani hanno addirittura parlato di un colpo infertogli da un maestro invidioso con la tecnica del Tocco della Morte, di cui si parlava a proposito della circolazione del *qi*...

Ogni fantasia e speculazione scolora, però, di fronte all'importanza dell'opera di diffusione dell'immagine delle arti marziali cinesi svolta dai suoi film.

Oltre a ciò le basi del jeet kune do hanno veramente aperto nuovi orizzonti alla pratica delle discipline di combattimento, ormai sclerotizzate nella ripetizione di sequenze di colpi prestabilite. L'uso delle protezioni, la commistione tra i metodi e la teoria dell'estrapolazione delle tecniche veramente efficaci di ogni stile sono la base degli sport da combattimento moderni. Forse si sarebbe comunque arrivati a questa evoluzione, ma è certo che, senza le provocatorie dichiarazioni di Bruce Lee, il processo sarebbe stato decisamente più lento. Per questa ragione il suo ricordo è ancora così vivo e la sua fama di maestro è supportata dai giudizi di autentici campioni come Chuck Norris e Benny Urquidez che, con la loro carriera agonistica, hanno dimostrato la validità delle sue teorie. Per questa ragione noi, artisti marziali moderni, ci sentiamo in dovere di inserirlo tra le figure più significative delle discipline di lotta dei nostri tempi.

Il cinema di kung fu dopo Bruce Lee

Esaminando l'evolversi del cinema di arti marziali a Hong Kong dopo la scomparsa di Bruce Lee è impossibile ignorare tre personaggi che, sin dalla più tenera età, hanno legato la loro carriera cinematografica al genere: Jackie Chan, Sammo Hung e Yuen Biao. Dei tre, l'unico ad acquisire una certa notorietà in

Occidente è stato il primo ma, anche in questo caso, si tratta di un riconoscimento di un numero di appassionati piuttosto esiguo, malgrado alcune buone performance al botteghino negli ultimi anni. È un vero peccato perché Chan, Hung e Biao si elevano di una spanna dalla schiera di campioni di kung fu approdati per caso agli studi cinematografici. Jackie Chan, Sammo Hung e Yuen Biao sono veri professionisti del cinema e non si limitano a interpretare i loro film ma ne curano personalmente la sceneggiatura, la regia e non di rado anche la musica.

L'uomo di gomma

Il vero nome di Jackie Chan è Chan Kwong Sang, ma forse neppure lui lo ricorda. In effetti la sua fortuna inizia proprio quando il regista Lo Wei gli impone di cambiarlo nel più "americano" Jackie Chan. Assieme al *nom de théâtre* che lo renderà famoso, Lo Wei gli consiglia anche di rifarsi il naso per correggere una fisionomia piuttosto lontana dai canoni di bellezza classica. Dotato di un fisico compatto ma non certo longilineo e di un volto che anche la chirurgia plastica non riesce a privare di un'indiscutibile espressività clownesca, Jackie Chan non può aspirare a entrare nel pantheon degli eroi cinematografici americani, per definizione belli e atletici. Bruce Lee, pur essendo cinese, possedeva caratteristiche somatiche poco orientali. Seppure con grandi difficoltà era riuscito a farsi accettare nell'establishment hollywoodiano, che però non aveva spazio per un altro eroe cinese. Per Jackie imporsi in Occidente risulterà un compito troppo arduo, ma il giovane, provvisto comunque di un indiscutibile talento, si prenderà la sua rivincita sui mercati orientali dove è ormai diventato una istituzione.

La sua carriera comincia, paradossalmente, proprio sul set di uno dei più famosi film di Bruce Lee, *Dalla Cina con furore.* Nella scena finale del duello tra Chen e il giapponese Suzuki era prevista una spettacolare *cascade* nella quale l'eroe faceva volare il cattivo attraverso la finestra con un calcio volante. Si trattava di atterrare nel giardino dopo un salto di cinque metri. Jackie Chan, appena diplomatosi alla scuola del maestro Yu e già cascatore di fama, era pronto a entrare in scena. Lo Wei non lo inserisce neppure nei credit finali del film, ma si ricorda di lui qualche anno dopo quando, staccatosi dalla Golden Harvest, fonda la sua società di produzione. Per Jackie è una grossa occasione, anche se i primi film che viene chiamato a interpretare gli impongono ruoli canonici e poco aderenti alle sue personali idee sul cinema. Lo Wei è ancora convinto di poter trovare un altro Bruce Lee e s'intestardisce a replicare una formula che ormai ha fatto il suo tempo. *The New Fist of Fury* (1976) segna l'esordio della sua carriera cinematografica e, come i successivi *Shaolin Wooden Men* (1977) e *Snake and Crane Arts of Shaolin* (1977), non si discosta molto dalla produzione *gongfu* dell'epoca. Per chi fosse interessato alla visione di queste pellicole, mediocri ma non mal confezionate, è possibile trovarne una versione in francese; in Francia infatti, grazie alla nutrita comunità orientale, il cinema di arti marziali ha sempre suscitato un certo interesse. Si tratta di film girati rapidamente, senza troppa cura per il particolare e movimentati da scene d'azione improvvisate: in pratica le condizioni esattamente contrarie a quelle auspicate da Jackie, che non tarda a manifestare il suo disappunto.

Una svolta inaspettata avviene grazie all'incontro con il regista Yuen Woo Ping, che ne intuisce immediatamente le capacità interpretative e convince il produttore Lo Wei a tentare una strada nuova con due film significativi per l'evoluzione del genere. *Drunken Master* e *Jackie Chan, la mano che uccide* (*The Fearless Hyena*) risalgono entrambi al 1978 e ripropongono con minime variazioni la medesima storia, narrando episodi giovanili delle avventure del mitico Wong Fei Hung. Per quanto *Drunken Master* abbia acquisito una maggiore notorietà, tanto da meritarsi numerosi sequel, è *Jackie Chan, la mano che uccide* che consente al talento di Jackie, atletico e buffonesco al tempo stesso, di trovare una definitiva direzione verso la quale evolversi. Il film racconta la storia del giovane Wong Fei Hung, svogliato e irriverente figlio di un maestro di kung fu perseguitato dalla dinastia manchu. La famiglia, per sottrarsi al perfido generale Yen, è costretta a vivere in un eremo sulle montagne, dove un poco rispettoso Wong apprende i segreti dell'arte di famiglia. Jackie Chan/Wong si presenta, nella prima parte del film, con tutte le caratteristiche del figlio ingrato e irrispettoso della tradizione confuciana. Fugge dall'eremo e si guadagna da vivere combattendo nelle fiere, dove si produce in esibizioni al limite del dileggio dell'arte marziale del padre, arrivando anche a travestirsi da donna per raccogliere quei pochi danari che spende subito in gozzoviglie. Il suo atteggiamento attira però l'attenzione delle spie del generale Yen che riescono così a rintracciare il vecchio maestro. A questo punto, resosi conto dei propri errori, il focoso giovanotto vorrebbe intervenire in difesa del genitore. Lo ferma un buffo personaggio, il Liocorno (interpretato dallo stesso Yuen Woo Ping), uno storpio che gli impedisce di farsi uccidere assieme alla sua famiglia. Distrutto dal dolore e dal rimorso, Wong ritrova la forza di reagire e prepararsi alla vendetta (si tratta di un *gongfu*, dopotutto!) negli insegnamenti del Liocorno. Fino a qui sembra uno dei soliti prodotti di genere, ispirato al canovaccio delle relazioni difficili maestro/allievo già molte volte proposto sullo schermo. Ma il Liocorno è un maestro particolare, insegna una forma di kung fu "emotivo" grazie al quale il combattente trae in inganno l'avversario con movimenti ed espressioni totalmente incongrue. Per Jackie è giunta la grande occasione di mostrare le sue reali capacità. Le sequenze dell'allenamento si distaccano da altre simili, tipiche del filone, proponendo allo spettatore una gamma vastissima di situazioni, dove Jackie lascia sfogo alla sua più sfrenata fantasia interpretando tutti i canovacci dell'Opera cinese e aggiungendovi suggestioni attinte dalla sua personale passione: il cinema comico americano degli anni venti. Il risultato raggiunge l'apoteosi nella resa dei conti finale, dove ai cattivissimi assassini del generale Yen si oppone la vitalità clownesca del protagonista. Jackie Chan salta, rimbalza, ride, creando una complessa coreografia che getta una luce nuova e originale sulle arti marziali. Il pubblico segue il combattimento con il fiato sospeso ma, malgrado la drammaticità della situazione, ride strabiliato di fronte all'incredibile capacità di Chan di servirsi di utensili comuni e imprevedibili mossette per sorprendere gli avversari. Gli spettatori, forse stanchi di ripetitivi duelli all'ultimo sangue con contorno di urlacci e digrignar di denti, applaudono. È nato un nuovo genere: la *gongfu comedy*.

Nel più famoso *Drunken Master* Chan ritrova Yuen Woo Ping che, questa volta, gli insegna lo stile dell'ubriaco, bizzarro cocktail di arti marziali e mimica circense che consentirà al giovane Wong Fei Hung di prevalere su un cattivissimo Hwang Jan Lee. Questi è un maestro coreano di tae kwon do, dotato, oltre che di una faccia particolarmente adatta al ruolo del cattivo, anche di straordinarie tecniche di calcio. Il film ebbe un seguito nel 1994, *Drunken Master 2*. Considerato che dietro la macchina da presa c'era nientemeno che Liu Chia Liang, non c'è da stupirsi se è diventato un piccolo culto. I duelli tra Liu Chia, Chan e Ken Lo, campione di kickboxing di Hong Kong, restano pezzi di cinema indimenticabili e non solo del filone marziale. Peccato che le personalità troppo spiccate di Liu e di Jackie abbiano finito per scontrarsi ponendo fine alla loro collaborazione.

Il successo di *Jackie Chan, la mano che uccide* consente a Jackie di imporre la sua visione dello spettacolo e di interrompere il rapporto con Lo Wei, diventato troppo dispotico e ancorato a criteri artistici ormai superati. Da quel momento Jackie tornerà in seno alla Golden Harvest dalla quale non si staccherà più, diventandone anche produttore associato. È pur vero che *Ventaglio bianco* (*Young Master*, 1980) e *Dragon Lord* (1982) sono ancora film molto tradizionali, ma Jackie può liberamente coreografarne i combattimenti inserendo anche in vicende di stampo classico il suo marchio di fabbrica.

Gongfu comedy

Alla metà degli anni ottanta la *gongfu comedy* ha definitivamente sostituito i vecchi film di arti marziali, come può testimoniare la fortuna della serie prodotta dalla stessa Golden Harvest, dedicata a *Mr Boo*, un serial in ben quattro puntate dirette da Michael Hui nel quale tutti gli elementi del *gongfu* vengono messi alla berlina in una sarabanda di avventure tragicomiche, dove i protagonisti si combattono senza alcuna pretesa di realismo, usando perfino le salsicce al posto dei famosi *nunchaku* di Bruce Lee.

In questo contesto avviene il "lancio" americano di Jackie Chan. Per l'occasione viene scritturato il regista Robert Clouse, considerato l'unico specialista occidentale di *gongfu* in virtù dei *Tre dell'Operazione Drago. Chi tocca il giallo muore* (*The Big Brawl*, conosciuto anche come *Battle Creek Brawl*, 1982) esce nei cinema occidentali preceduto da un notevole battage pubblicitario che annuncia l'arrivo dell'... erede di Bruce Lee! Già da questa quantomai menzognera promessa si può capire quale sarà il futuro di *Chi tocca il giallo muore,* film che, nonostante tutto, risulta ben confezionato e che contiene in nuce gli elementi migliori del cinema di Jackie Chan. Le scene di combattimento sono molto differenti da quelle interpretate da Bruce Lee. In realtà si tratta di veri pezzi di abilità funambolica, nei quali oggetti quotidiani e armi improvvisate diventano strumenti dell'espressività gestuale del protagonista. Disgraziatamente non sono in molti che, fuori del circuito orientale, riescono a cogliere l'originalità del lavoro di Jackie Chan. Il pubblico occidentale ama gli eroi forti e invincibili, di aspetto poderoso (siamo in piena "epoca Rambo") e, quando si tratta di arti marziali, preferisce un'esagerata drammaticità alla sottile ironia con cui Jackie prende allegramente in giro il genere.

Per Jackie Chan la carriera cinematografica sugli schermi occidentali sembra pressoché terminata. Jackie preferisce tornare a lavorare nell'ambiente che più gli è congeniale, gli studi di Hong Kong. E qui, finalmente, raggiunge il successo tanto accanitamente perseguito. *Project A* (1983), distribuito solo in video in Italia con il titolo *Missione Pirati,* è il primo film diretto, scritto e coreografato interamente da Jackie Chan, che vi profonde ogni sforzo. Il film va giudicato soprattutto per le sue qualità visionarie e innovative. La *gongfu comedy* si distacca nettamente da ogni tematica del filone arti marziali, creando nuovi canoni e caratterizzazioni. Chan reinventa una Cina ottocentesca con pirati tatuati, case da gioco e una grande varietà di scenografie nelle quali si inseriscono sequenze spettacolari sempre nuove e originali. Il montaggio è indiavolato, molto differente dai lunghissimi piani sequenza dei primi *gongfupian*. La macchina da presa cambia continuamente angolazione, le evoluzioni dei protagonisti creano una complicata ragnatela di balzi, calci e piroette che non possono lasciare indifferente lo spettatore. Non solo, le *cascades* più impegnative sono studiate e realizzate personalmente da Jackie che, da questo momento in avanti, imporrà tempi e metodiche di lavorazione inusuali per il cinema orientale, abitualmente frettoloso al limite della trascuratezza. Uno degli elementi caratteristici del cinema di Jackie Chan è proprio la difficoltà delle *cascades* che non di rado gli provocano impreviste degenze in ospedale con conseguente disperazione della produzione.

Dopo *Missione Pirati* il successo di Jackie Chan, almeno sul mercato asiatico, è diventato una consolidata tradizione. In veste di regista e produttore firmerà un'innumerevole serie di film spaziando tra i vari generi, con una spiccata predilezione per le storie brillanti che trovano nella sua fisionomia ammiccante un protagonista ideale. Il *gunplay*, genere d'azione che ha sostituito il *gongfu*, gli offre la possibilità di dar buona prova di sé nella serie *Police Story*. Il migliore è senza dubbio il terzo, *Supercop* (*Police Story 3*), diretto da Stanley Tong nel 1992, che vede Jackie affiancato da un altro mostro sacro del cinema di Hong Kong, Michelle Yeoh, che reciterà in seguito in un film di James Bond (*007 - Il domani non muore mai*) e in *Memorie di una geisha*.

Successo americano

In seguito a una riscoperta del cinema di Hong Kong in Occidente, Jackie sembra godere di un rinnovato successo anche nelle sale americane. Probabilmente proprio per sfruttare il fortunato momento è stato girato *Terremoto nel Bronx*

(*Rumble in the Bronx*, diretto da Stanley Tong) che riporta, questa volta ai giorni nostri, Jackie Chan in una metropoli statunitense.

Il vero successo Chan lo realizza in Occidente come spalla e controfigura di altri eroi comici come Chris Rock, suo compagno di avventure in *Rush Hour 1* e *2*, sino a questo momento i suoi migliori successi nel cinema occidentale. Poi la sua carriera sembra arenarsi in una serie di film che finiscono direttamente in video e in ruoli di contorno come quello del maggiordomo cinese di Phineas Fogg in *Il giro del mondo in 80 giorni.* A cinquant'anni Jackie ha alle spalle il meglio della sua carriera: le *cascades* incredibili, alcuni film di grande successo e la soddisfazione di aver trovato un posto, seppure di contorno, nel cinema americano. La sua popolarità, malgrado sforni almeno due film all'anno (uno per il pubblico orientale e uno per quello americano), non riuscirà mai però a superare quella di Bruce: chiedendo a Hong Kong, il Piccolo Drago resta un eroe ineguagliabile e indimenticato anche a trent'anni dalla morte.

Capitolo 15

Due itinerari irrinunciabili

Gite... fuori dalla Porta del Drago

Siamo quasi giunti al termine del nostro viaggio in equilibrio sul filo sottile che divide luoghi del mito da posti reali, e sarebbe un peccato perdersi due gite facilmente realizzabili da Hong Kong, escursioni in grado di raccontarci qualcosa in più sulla città e sulla cultura fantastica che si è sviluppata intorno a essa. Il primo itinerario ci porta, direttamente con l'aliscafo, a Macao.

Il regno d'azzardo del "buon zio" Stanley

Di passaggi per mare diretti a Macao ce n'è a ogni ora del giorno. Il percorso si copre in circa cinquanta minuti ma sembra di approdare in un altro mondo, una piccola Las Vegas asiatica che ti accoglie con un'incredibile parata di alberghi di lusso, casinò galleggianti, saloni per massaggi, night club e tutto quello che si può immaginare offra una città dedicata al gioco d'azzardo e al divertimento. È qui che ho il mio appuntamento con amici italiani e locali.

Capodanno 2003. Siamo tutti ospiti di un vecchio amico d'infanzia di uno dei soci hongkonghesi dei miei compagni di viaggio. Con mia sorpresa mi annunciano che il nostro amico è membro di una Triade. Detto così, senza alcun imbarazzo...

Gli altri componenti del gruppo sono qui per un salone commerciale che si terrà a Hong Kong nei primi giorni del 2004, e questa rimpatriata viene vissuta come una cosa normalissima. Qui tutti, in qualche modo, hanno avuto o hanno un amico che ha fatto strada nel mondo delle Triadi. Non significa necessariamente che questa persona sia un delinquente della peggior specie e neppure un violento. Nel caso di Sam K. (per una questione di discrezione lo chiameremo così), il giovanotto ha lavorato, sin da adolescente, nel giro dei locali notturni. Al liceo sapeva dove trovare le ragazze per gli amici ricchi e, quando li vedi tutti assieme a fare il brindisi dell'eterna amicizia (praticamente una sbronza garantita, dodici "shot" di un liquore simil vodka bevuti di colpo uno dietro l'altro) e a cantare il celebre motivo che accompagna i film di Jet Li su Wong Fei Hung, ti chiedi veramente se la malavita abbia a che fare con tutto ciò.

Certo che è così, perché Macao è una città dove si soddisfa ogni desiderio illecito e questo è affare delle Triadi, anche se con il beneplacito del governo di Beijing.

La compagnia comunque è buona e Sam sembra, come molti del suo ambiente e non solo in Cina, disposto a raccontarti vicende e aneddoti; un po' per farsi bello, un po' perché le storie di mala non ha senso viverle se non le si può raccontare... Sam mi spiega come il paradiso del gioco d'azzardo e di altri piaceri sia diventato un tranquillissimo luna park dove si rischia al massimo di perdere un po' di soldi. Tutto comincia qui, al Casino Lisboa, un albergo-sala da gioco in fondo ad avenida de Amizade, all'angolo con un'altra grande strada che porta a un promontorio sul mare. Poco più in là, oltre un giardino storico, sorge una grande villa su una collina circondata da giardini tradizionali. Da quel punto si parte per l'avenida Stanley Ho che porta alla torre panoramica Sun Yat Sen. È da quell'edificio elegante e vetusto che nell'aspetto mescola lo stile della residenza di un mandarino con i barocchismi di un palazzo coloniale che, vecchissimo, l'uomo più potente della colonia domina il suo regno.

Stanley Ho, "il buon vecchio zio Ho", è presente sulla scena sin dal 1950. In quell'anno infatti il governatore portoghese legalizzò il gioco d'azzardo affidandolo a un'unica società, la Societade de Turismo e Diversoes de Macau, gestita da Stanley Ho, un uomo d'affari fuggito nel 1941 da Hong Kong e con "qualche" contatto con le Triadi. Non fu un affare semplice perché lo stesso governo di Lisbona si opponeva al progetto, ma Stanley aveva agganci potenti, contava sulla lontananza della colonia dalla Madrepatria e sapeva come ungere e minacciare. In particolare aveva contatti con Henry Fok, un intraprendente uomo d'affari che con le Triadi era più che ammanicato. Insieme crearono la prima linea di battelli che portava ogni giorno giocatori e turisti in vena di piaceri mercenari dalla colonia inglese sino a Macao. E il fulcro di tutto questo sistema di alberghi, sale da gioco, *parlors* per massaggi e via dicendo era il Casino Lisboa che ancora oggi svetta orgoglioso, simbolo di una città e delle sue caratteristiche.

A prima vista sembra di entrare in un enorme panettone multicolore, accolti da valletti con una curiosa marsina verde fuori epoca. Macchine di lusso, qualche buttafuori. L'albergo si sviluppa in altezza ma le camere sono solo ai piani alti e sono relativamente poche. La maggior parte dello spazio è riservata alle sale da gioco, raggruppate al centro, in una zona a cui si accede senza vestiti formali, basta passare il metal detector e mostrare di non essere armati. Al di là di questo, per chi ha visto le sale da gioco europee o americane, l'ambiente è piuttosto deludente anche perché, nella maggior parte dei casi, si gioca solo a Fan tan o Daisu o a Keno, tutti giochi d'azzardo praticamente sconosciuti agli occidentali, ai quali sono riservate un paio di salette veramente tristi dove si può puntare alla tradizionale roulette o sedersi al Black Jack. Se volete giocare in maniera tradizionale è meglio che vi dedichiate al casinò via Internet dove impazza il video poker.

Il gioco si fa pesante unicamente nelle sale VIP, dove si è ammessi solo con il possesso di una tessera speciale e non si perde mai meno di 1300 dollari di Hong Kong a gettone. Ciò che colpisce di più è il *dungeon* che circonda l'intero blocco delle sale da gioco, un corridoio circolare perennemente affollato su cui si affacciano bar, ristoranti, cambiavalute, sale di esposizione di giade e altro. Non ci sono finestre, non ci sono orologi. Come a Las Vegas, chi entra deve perdere il senso del tempo: c'è spazio solo per il divertimento.

Dopo una rapida escursione tra i vari piani si può bere un bicchiere al Noite e Dia, un bar elegante dove si comincia subito a vedere "la scena".

Stanno sedute a gruppi, divise per etnie, di solito con la *mama-san* che batte cassa. Sono prostitute-massaggiatrici che vengono da tutta la Cina e da tutta l'Asia. Come le loro colleghe che lavorano nei vicoli poco distanti e nei bordelli della zona più antica della città, non sono sottoposte ad alcun controllo medico (il che non significa che non siano obbligate a pagare il "pizzo" a qualche gruppo) e possono rivelarsi anche pericolose. Soprattutto le russe, che stanno tra questo bar e un angolo di strada tra avenida Rodrigo Rodrigues e avenida Infante Henrique, un incrocio soprannominato Little Odessa. Sono bionde, alte, per il nostro gusto occidentale anche un po' grasse, ma qui furoreggiano.

Mentre stiamo al bar a raccontarci storie di gangster e a osservare… la "mercanzia", accade un piccolo ma esemplificativo incidente. Un gruppo di giovani occidentali – direi australiani – arriva in palese stato di ubriachezza. Uno di questi si rivolge a una delle russe con un «*Fucking Russian Bitch!*» con il classico tono di chi ne ha bevuti un paio di troppo. Lei non si scompone. Basta uno sguardo alle amiche, uno squillo al telefonino e si materializzano tre giganti in vestito Armani, versione moderna e ipertrofica di Bruce Lee, con cui evidentemente è meglio non scherzare. I giovanotti occidentali – educatamente ma con estrema decisione – vengono allontanati sotto gli sguardi di evidente disprezzo di tutta la comunità delle massaggiatrici. Qui si viene per divertirsi, per spendere e non per fare confusione.

Non è sempre stato così, mi spiega la nostra guida. Negli anni novanta, avvicinandosi il ritiro dei portoghesi dalla colonia, avvenuto nel 1999, il mandato della società di Stanley Ho stava per scadere e scoppiò una violenta guerra tra le Triadi per il controllo del gioco. Da una parte Henry Fok aveva deciso di avviare contatti con il governo di Beijing per convincerlo che, malgrado i divieti della Madrepatria, gioco d'azzardo e prostituzione potevano, se controllati, portare nelle casse del governo un introito considerevole e regolare, dall'altra c'erano personaggi come Wan Kui Kok, "Dente Rotto", rappresentante del 14K, e Wanchai Tiger, il suo rivale, che si sfidavano apertamente, convinti di potersi dividere la torta.

Wanchai Tiger fu assassinato durante il gran premio di Macao nel 1993 e Dente Rotto, soprannominato anche Big Spender, per l'abitudine a puntare e scialacquare somme altissime, lanciò un'aggressiva campagna per l'acquisizione del potere. Fece saltare l'auto del capo della polizia e, malgrado lo "zio" Stanley Ho gli avesse riservato una intera sala VIP al Lisboa, cercò di ammazzare anche lui. Era davvero troppo per l'anziano biscazziere che aveva creato la sua Las Vegas e ora rischiava di vederla cadere in briciole. Ci fu uno scontro memorabile tra due bande di giovani armati di mazze e mannaie. Duecento persone coinvolte in una gigantesca rissa sul ponte di Taipa, proprio nel 1999. Era troppo anche per le autorità di Beijing, che iniziarono una pesante campagna di repressione del crimine. Nell'ultimo anno della presenza portoghese a Macao erano morte trentasette persone a causa di scontri armati per le strade. Oggi si può girare alle due di notte, al buio, in perfetta tranquillità. Grazie ai buoni auspici di Henry Fok, Stanley mantenne un ruolo da benefattore della città, ma il controllo del gioco fu trasferito nelle mani di un'unica Triade legata a quella di Foochow, nella Madrepatria, a patto che per turisti e giocatori la città diventasse assolutamente sicura. Da quel giorno non si è più verificato un incidente e Macao è passata sotto il controllo di Beijing mantenendo intatto il suo status. Del resto basta superare la linea degli alberghi e degli impianti destinati al divertimento per ritrovare la vecchia capitale, fatta di stradine tipicamente cinesi su cui si affacciano edifici in stile lusitano, pavimentati con il classico motivo a "ondina" bianca e nera che mi è capitato di vedere anche a Bahia.

Il viaggiatore che non si soffermi in largo do Senado, non visiti la facciata dell'antica cattedrale di São Paulo o non giri un po' per i vicoletti, si perde gran parte del fascino di questa città dalle due facce.

Macao by night

Di fatto la mia incursione nel mondo "proibito" della mala cinese non si ferma qui. Capodanno viene degnamente festeggiato al

Crystal, un locale notturno secondo lo stile cinese, ossia molto differente da come s'immagina un night in Occidente. Qui non si ha l'occasione di vedere gli altri clienti (e ciò per motivi anche di prudenza, per evitare incroci poco opportuni tra bande rivali) e si ha a disposizione un'intera sala con tanto di video, salottino e pista da ballo per organizzare la festa. Ad animarla ci pensa la *mama-san* che, credeteci o meno, è una cinese elegantissima di una cinquantina d'anni, alta sì e no un metro e mezzo. Il più classico stereotipo del genere. E, proseguendo con gli stereotipi, mentre le cameriere preparano il tavolo con frutta e bibite, dovete intrattenerla, vezzeggiarla, coccolarla e regalarle qualcosa. Nel nostro caso uno dei miei amici ha portato un prosciutto di Parma insaccato che la signora sembra trovare delizioso. Poi passa a presentarci le "ragazze". Funziona così. Ce ne sono due almeno per ogni uomo e vengono introdotte a gruppi, a distanza di circa venti minuti l'uno dall'altro. In quest'arco di tempo le ragazze hanno la possibilità di farsi apprezzare, ridere, giocare a dadi. Se ce n'è una che vi piace, o anche più d'una, potete trattenerla, altrimenti potete scegliere con l'altra infornata sino al clou della festa. Si balla, si gioca, ci si diverte.

Ma non è finita: il nostro anfitrione è anche ansioso di mostrarci un altro locale dove svolge l'attività di manager (vi assicuro, sul biglietto da visita c'è scritto così). Si tratta di uno dei famosi *massage parlors*, il Darling One, nei pressi dell'imbarcadero.

Non vi sembri una smargiassata quest'ultima escursione nel mondo della mala cinese, è davvero l'unico modo di rendersi conto delle situazioni, di conoscere persone e locali e farsi raccontare qualche leggenda.

Sulla via del ritorno a Hong Kong ricordiamo però che questa è la facciata della nuova Triade, l'aspetto più ammiccante, fintamente innocuo, dietro il quale si celano il riciclaggio di fondi sporchi che provengono da traffici decisamente meno innocui, e che se una delle ragazze s'azzardasse a fregarvi la carta di credito dal portafoglio, in virtù del buon andamento degli affari e, perché no, della vostra amicizia con un potente… manager, si ritroverebbe nel canale con la gola tagliata.

Ma per scrivere, l'ho sempre detto, e scrivere di spionaggio e malavita, un po' questo giro bisogna conoscerlo dal vero. L'importante è capire dove si trovi la linea di confine che, qui in Asia, per un occidentale ammaliato dal mito è assai difficile da individuare.

Secondo itinerario: la Porta del Sud

Nella notte dei tempi i Quattro Immortali scesero dal cielo a cavallo di caproni alati e fondarono la città di Guangzhou. La ragione della loro discesa dai paradisi celesti e della decisione di creare una comunità nel Sud del Regno di Mezzo, alla foce del Fiume delle Perle, resta ignota persino per i più profondi conoscitori della tradizione mistica cinese. Di fatto Guangzhou (o meglio Canton, secondo la vecchia traslitterazione del Wade-Giles) mantiene anche oggi il ricordo di quella leggenda nel nome del suo distretto più antico, Yangcheng (la Città dei Caproni), e nel titolo del suo quotidiano serale, lo "Yangcheng Wanbao" (letteralmente "Notizie Serali della Città dei Caproni").

A 45 chilometri dalla foce del Fiume delle Perle, che nelle vecchie mappe dell'Ammiragliato inglese – ancora le migliori per chi volesse avventurarsi da solo in Cina – è denominata *Bocca Tigris*, la Bocca della Tigre, Guangzhou è la porta meridionale del Regno di Mezzo verso il mondo esterno. Città tropicale (il tropico del Cancro dista solo qualche chilometro a nord), ricca ancora di profumi, colori e tradizioni della vecchia Cina, ha tuttavia avuto maggiori e precedenti contatti con il mondo dei barbari *gweylo* rispetto ad altre metropoli e, forse per questo, ha conservato le sue caratteristiche in maniera più definita. È vero, mi ritrovo sommerso da musica rock, manifesti pubblicitari dai quali ammiccano divi del cinema, dalle solite frotte di ragazzini che scimmiottano i loro coetanei occidentali e da businessmen perennemente assorti in fitte trattative al cellulare, ma l'atmosfera è meno frenetica che a Hong Kong e persino l'ansia di riqualificare la città come una delle nuove tigri dell'economia asiatica sembra meno opprimente. Forse, ora che il mio viaggio alla ricerca di tradizioni avventurose e fantastiche orientali sta irrimediabilmente volgendo al termine, riuscirò a trovare qualche traccia di autentici fantasmi cinesi.

Guangzhou affonda le sue radici nella leggenda, ma in realtà fu probabilmente creata dal primo imperatore Huangdi. Sulle prime era solo un accampamento chiamato Panyu; il nome Guangzhou comincia ad apparire sulle carte dall'epoca dei Tre Regni (222-280 a.C.). Nell'era Tang, quasi ottocento anni dopo, era già un importante porto commerciale e, nel XVI secolo, fu raggiunta da una flotta portoghese al comando del capitano Torne Pires. Furono proprio i portoghesi che ribattezzarono la città con la traslitterazione del nome della provincia di cui era il centro principale. È da quell'epoca che si parla di Canton, toponimo rimasto in uso per tutto il tempo delle guerre dell'Oppio – che ebbero qui il loro sanguinoso fulcro – sino alla caduta della dinastia Qing, nel 1912. Da Canton partì il movimento di Sun Yatsen, ricordato con un bellissimo mausoleo al centro di un lussureggiante giardino.

Al mio arrivo rimango immediatamente stregato dal fascino dei vecchi quartieri coloniali che ancora resistono alla implacabile quanto dissennata opera di ricostruzione avviata dal governo negli ultimi anni. I giardini, come sempre, paiono il settore meglio curato e conservato. Nella Cina moderna sono meta di passeggiate, appuntamenti galanti e scenario per ritratti fotografici. Sembra prevalere l'usanza tutta occidentale – non incomprensibile, considerata la penetrazione cattolica nella regione – di farsi ritrarre il giorno del matrimonio con tanto di abito bianco. Anche questa è la nuova Cina. I templi buddisti, invece, disseminati un po' dovunque, mantengono ancora, di qualunque età siano, quell'aspetto brulicante di vita, un po' sozzo ma decisamente autentico, pregno dell'odore dell'incenso e della devozione dei fedeli. Sono certo che qui avrei potuto trovare spunti interessanti per la mia ricerca sullo "*slum* galleggiante", una sorta di bidonville su barche cancellata insieme alla sua canagliesca atmosfera qualche decina di anni fa. A volte il panorama è inquietante: interi quartieri sembrano bombardati, rasi al suolo in attesa che il piano regolatore stabilisca fondi e date per la ricostruzione. Per fortuna alcuni settori sono stati considerati tesoro nazionale, quale il vecchio quartiere francese, proprio sul fiume, dove all'interno di edifici in stile Grand Empire si tiene ancora oggi un caratteristico mercato delle spezie. Qui, tra vicoletti in penombra e vecchie facciate di palazzi europei, la gente porta le sue mercanzie, le espone sotto lampade all'acetilene o vecchi tubi al neon collegati chissà come, distende a seccare una miriade di cavallucci di mare (che sarebbero una specie protetta, ma vabbè...) o semplicemente gioca a dama. È un universo pieno di vita, rumoroso, allegro, decisamente "meridionale" rispetto alla scontrosa austerità della regione a nord del fiume Yangtze. Il Fiume Azzurro crea una linea di demarcazione tra due universi che solo a noi occidentali possono sembrare simili, e i cantonesi sono l'epitome del cinese meridionale, forse più grossolano ma certamente più intraprendente, disposto al contatto con il mondo esterno, abile commerciante ma anche pronto ad acquisire ogni novità per rigirarla a suo vantaggio.

Il mio studio parte proprio dal mercato delle spezie e approda immancabilmente a una delle tappe fondamentali della mia ricerca. È a Canton infatti che visse, tra la fine del XIX e i primi decenni del XX secolo, il dottor Wong Fei Hung, rinomato maestro di arti marziali, uomo di medicina e, non incidentalmente, uno dei più celebrati eroi della narrativa popolare cinese. Portato al cinema in una saga di più di cento episodi dal 1949 a oggi, Wong Fei Hung gode di una popolarità da eroe dei fumetti, anche se forse sarebbe più esatto paragonarlo a un personaggio da *dime novel*, quei romanzetti da quattro soldi che esaltarono Buffalo Bill, William Bonney e Wyatt Earp negli anni cruciali della conquista del West. Fu infatti proprio sulle pagine di un quotidiano di Canton che vennero per la prima volta diffuse le sue gesta, in un feuilleton che nel dopoguerra finì presto sulla celluloide. Kwan Tak Hing, decano dei divi cinematografici di Hong Kong, gli prestò il volto e l'abilità marziale (*The Life at Times of Wong Fei Hung,* 1949), cedendo il posto in seguito ad autentiche celebrità internazionali quali

Jackie Chan (*Drunken Master*) e Jet Li (*Once upon a Time in China)* che ne hanno tramandato, sebbene da angolazioni differenti, la leggenda di difensore dei deboli e della libertà.

Della sua clinica nel sobborgo di Po-chi Lam è impossibile trovare oggi qualsiasi resto, anche se la leggenda legata al personaggio è ancora viva nella memoria comune. Più difficile ancora è distinguere la realtà dalla leggenda. Secondo le storie popolari il dottor Wong è ancora un raddrizzatorti dalle insuperabili capacità marziali, ma una ricerca più approfondita rivela una verità impietosa. Wong Fei Hung era sì un medico esperto nell'arte del combattimento, ma comandava una sorta di milizia privata nota come l'Armata di Canton, contraddistinta da un vessillo nero ed erede della famigerata banda delle Dieci Tigri, della quale era stato membro il padre, Wong Chi Hing. In pratica gli Wong erano dei signori della guerra, sicuramente attivi contro i pirati ma non schivi da latrocini e prepotenze sulla popolazione. Come molte altre società guerriere, l'Armata di Canton, probabilmente, era una Triade nei confronti della quale la popolazione provava sentimenti al tempo stesso di timore e ammirazione. Che il tempo abbia affievolito il primo ed esaltato la seconda è solo la dimostrazione di quanto la forza fisica e il carisma siano importanti nella creazione di una leggenda. Di fatto in seguito a una sanguinosa faida Wong fu costretto a fuggire da Canton per trasferirsi a Hong Kong, dove fondò una succursale della sua famosa clinica e istruì numerosi allievi ugualmente dotati in campo marziale quanto terapeutico.

Energie segrete e avventurieri

Inseguendo la leggenda di Wong Fei Hung approdo (a un'ora proibitiva del mattino, per dir la verità) in un parco sul fiume dove si tengono lezioni di taiji. La mia relativa conoscenza della sequenza base del taiji mi consente di simpatizzare con il maestro, un cordiale signore con l'aria più da salumiere che da esperto di raffinate discipline taoiste. In un inglese più che accettabile mi invita a bere una tazza di tè *oolong* al termine della lezione. Considerata l'ora presolare e la quantità di calore che ha accompagnato la pratica ne ho davvero bisogno.

Dopo una discussione che spazia dalle energie segrete dell'universo al mondo del soprannaturale, e grazie a un invito a pranzo al ristorante del mio albergo, riesco a ottenere le informazioni che cercavo. La tradizione dei fantasmi e le credenze legate al mondo dei morti e ai *revenant* sono ancora ben salde, nonostante la rivoluzione culturale e la più recente ondata di materialismo capitalistico. Ogni città ha i suoi misteri, i suoi fantasmi, e Canton non fa eccezione. Una delle figure che ricorrono con maggiore frequenza nei racconti fantastici locali è il generale Bai Nan, un mongolo della dinastia Yuan che stabilì in questa regione il suo quartier generale. Noto per la sua ferocia in battaglia, Bai Nan divenne una sorta di orco, un personaggio usato per spaventare i bambini e farli tremare di paura quando diventavano troppo irrequieti. E con ragione. La violenza in combattimento non era che un'espressione della sua intrinseca crudeltà: era negli interrogatori dei nemici che Bai Nan rivelava appieno quanto fosse turpe la sua anima. Si favoleggiava persino dell'esistenza di una pagoda a nove piani (di solito sono di sette) in cima alla quale Bai Nan dava sfogo ai suoi sadici istinti torturando per giorni le sue vittime nella speranza di stringere un patto con i demoni dell'Inferno degli Scuoiati Vivi. Una leggenda vuole che il perfido generale avesse messo le mani su una veggente taoista, trascinata in catene al suo cospetto e accusata di stregoneria. Intravista la possibilità di approdare finalmente al segreto che lo avrebbe elevato sopra tutti i suoi avversari, Bai Nan cominciò una meticolosa opera di tortura. Per sette giorni e sette notti intorno alla pagoda la gente fu costretta a tapparsi le orecchie per non udire le urla strazianti della poveretta. Dalle finestre della torre usciva un fumo nero denso e nauseabondo, unico segno esteriore delle nefandezze che vi si consumavano. Ma la settima notte, alle sette di sera – l'ora della Scimmia, riservata alle vendette e ai tradimenti – scoppiò un violento fortunale durante il quale gli astanti videro materializzarsi dal cielo una palla di fuoco che investì con grande fragore la cima della pagoda. La torre crollò in frantumi trascinando sotto le macerie tutti i suoi occupanti. Ufficialmente Bai Nan, la sua prigioniera e le guardie presenti al supplizio morirono tutti a causa di un fulmine particolarmente violento, ma la convinzione popolare – e il maestro di taiji sembra propenso a darle credito – ritiene che la veggente fosse un'inviata degli dei del Fuoco, irritati dalla tracotanza del generale che voleva diventare un demone. Sperimentata sulla sua pelle la brutalità del generale mongolo, l'inviata degli dei evocò lei stessa il fuoco dal cielo distruggendo il suo aguzzino e ritornando nel suo mondo con un'esplosione.

Vera o no, la leggenda, oltre a testimoniare la continua interazione del mondo nascosto degli spiriti con la vita dell'uomo, esprime anche la convinzione popolare che il mandato concesso dagli dei per governare il Regno di Mezzo possa essere revocato se la persona cui è stato consegnato se ne dimostra indegna. È già successo agli imperatori e, secondo l'opinione comune, è avvenuto anche con il partito comunista ormai sulla strada di un cambiamento irreversibile. Ma non solo di crudeltà si favoleggia nelle notti calde di Canton, quando è più facile cedere al richiamo della fantasia.

L'Orchidea Rossa

Nel corso di una bella gita lungo i canali del Fiume delle Perle, la guida mi invita a prestare attenzione a un curioso fenomeno acustico che porta alle mie orecchie una sorta di lamento prolungato, simile a un pianto di donna. Uno scherzo della risacca? Forse, ma anche per questa bizzarra sensazione di struggimento la fantasia ha elaborato una leggenda, anzi due. La versione più antica della storia risale ai tempi in cui Canton era già un importante porto commerciale del Mar Cinese Meridionale, punto d'attracco di ricchi mercantili diretti in India, in Indonesia e nelle Filippine. Rotte per secoli infestate da pirati sanguinari, alcuni dei quali rimasti leggendari sino a oggi.

È il caso dell'Orchidea Rossa, uno dei pirati più feroci della fine del XVII secolo, personaggio temuto e misterioso. Il solo apparire di una giunca dalle vele scarlatte era in grado di scatenare il panico anche nella più agguerrita delle navi: la leggenda che il famoso pirata fosse protetto da un incantesimo paralizzava i marinai cinesi che diventavano facili prede degli scorridori del mare. Evidentemente i portoghesi, abituati ad affrontare pirati su tutti i mari del mondo, non erano disposti a lasciarsi regolarmente depredare dall'Orchidea Rossa. Dopo molti tentativi riuscirono a catturarne un luogotenente, Daisan, che fu prontamente affidato alle cure di un torturatore dell'Inquisizione, una versione occidentale di Bai Nan. Sottoposto a crudeltà e vessazioni, Daisan cedette: in cambio della libertà accettò di condurre il suo capo in un'imboscata. I portoghesi ignoravano, tuttavia, che Orchidea Rossa era una donna, poco più che un'adolescente, in verità. Quali vicissitudini l'avessero trasformata in uno dei pirati più brutali del Mar Cinese Meridionale non è dato di saperlo. Forse Daisan avrebbe potuto spiegarlo, poiché ne era l'amante, ma una volta scattata la trappola fu colto dal rimorso e si gettò dal ponte della nave in fiamme, finendo in bocca agli squali proprio alla foce del Fiume delle Perle. Potete immaginare lo stupore dei capitani portoghesi quando scoprirono che il pirata che per anni li aveva depredati era una fanciulla. Tuttavia Orchidea Rossa non disse più neppure una parola, insensibile alla tortura, e neanche sul patibolo, dove salì appena un mese dopo, abbandonò l'aria di dolorosa tristezza che si era impadronita di lei dopo il tradimento del suo amante. Morì senza un gemito o una maledizione e, agli occhi del popolino, divenne un'eroina che aveva combattuto contro i soprusi commerciali dei *compradores* occidentali. Le misteriose lamentazioni riecheggianti lungo il fiume vennero presto attribuite al suo fantasma di ritorno dal mondo dei morti alla ricerca del suo amato.

Questa leggenda di amore tradito, affascinante e romantica, ha lasciato spazio negli ultimi decenni a una versione più moderna, che attribuisce i gemiti che con la sera si odono dal fiume alle anime di quanti hanno inutilmente cercato di risalire la corrente alla ricerca della libertà. Fino a poco tempo fa, infatti, erano ancora numerosi i transfughi che affrontavano le incertezze della navigazione sino alla *Bocca Tigris*, dalla quale è relativamente facile raggiungere Hong Kong. Gli squali che divorarono Daisan sono ancora presenti in queste acque, che risalgono alla ricerca di cibo e rifiuti sin quasi alla città. Le misere flottiglie di boat-people erano facile preda dei pescecani, soprattutto perché la guardia costiera dei tempi della rivoluzione culturale aveva l'ordine di mitragliare chiunque cercasse di raggiungere il mare aperto.

In effetti, sostando la sera sulla terrazza che si affaccia sul fiume di fronte al mercato delle spezie, si ha davvero l'impressione di udire gemiti di anime in pena, diffusi dalla brezza. Siano di Orchidea Rossa o di qualche anonimo e sfortunato fuggiasco, riescono sempre a indurre l'animo a tristi considerazioni sulla natura dell'uomo.

E là, all'orizzonte, dove il Fiume delle Perle si fonde con il cielo in un tramonto dorato, screziato di pennellate amaranto, s'immagina il Sogno, la meta ultima del mio viaggio in Cina. Hong Kong, non più caposaldo inglese in Oriente, ma pur sempre una metropoli ricca di misteri, contraddizioni e pericolo.

Ancora non lo sapevo ma, quella sera in cui il maestro di taiji mi raccontò la leggenda di Orchidea Rossa, a Hong Kong mi aspettava un'avventura reale, quasi un'esperienza mistica. Il *taifun*, il Grande Vento.

Capitolo 16

Quando soffia il Grande Vento

Segnale d'allarme numero 1: tutto tranquillo

Esiste una grande emozione che il viaggiatore può provare al suo commiato ideale da Hong Kong: trovarsi in città all'arrivo di un tifone. La stagione in cui è possibile vivere una tale esperienza è quella estiva. Se visitate la città in questo periodo è inevitabile che, prima o poi, vi capiti di dover affrontare una simile evenienza. Forse il tifone è appena passato, oppure è atteso nelle prossime settimane. Magari è sfrecciato via lambendo la costa cinese a qualche centinaio di chilometri. Oppure vi ci trovate in mezzo. Dipende dal vostro *joss*.

Io l'avevo schivato di misura più volte, ma nel 1999 era destino che mi trovassi a fronteggiare la furia di quel fenomeno che in dialetto locale è noto come *Dai foo*, il Grande Vento.

Come tutti gli appassionati dell'Asia e della narrativa che la riguarda, mi era capitato di leggere descrizione di tifoni a Hong Kong. Il romanzo *Taipan* di Clavell si conclude appunto con il tifone che distrugge la casa degli Struan, avvicinando in un tragico, ultimo abbraccio il Diavolo dagli Occhi Verdi e la sua amata May-mai.

Opium, un grande romanzo epico di John Choan sui produttori di oppio – purtroppo inedito in Italia – culminava in una notte di tempesta tropicale che era rimasta impressa nella mia memoria sin da una lettura giovanile.

Nell'estate del 1999, al termine di un lungo viaggio nella Cina continentale, era venuto anche per me il momento di guardare negli occhi il dragone urlante proveniente dall'oceano Pacifico.

Il primo segnale – che certamente vi capiterà di vedere ovunque negli alberghi, all'aeroporto o alle stazioni dei traghetti – è un semplice numero 1 esposto su un cartello giallo. Fin qui tutto tranquillo. Considerato che l'estate è la stagione in cui al largo delle Filippine si creano temperature a pelo d'acqua di circa 26 °C e viene favorita una complessa dinamica di flussi che generano i tifoni spingendoli verso la costa cinese, lo *Storm Signal Number One* è di prammatica. Quasi esposto per scaramanzia, il cartello avvisa che la possibilità dell'arrivo di un tifone è sempre in agguato ma, per il momento, nessuno vi fa caso. Fate come gli abitanti di Hong Kong. Proseguite le vostre occupazioni e non datevi pensiero. Se il destino ha deciso che un tifone debba arrivare non c'è nulla che possiate fare e la città è comunque bene attrezzata per affrontare il pericolo. Non rovinatevi la vacanza...

Segnale numero 2...

A questo punto è consigliabile consultare i bollettini meteorologici ed eventualmente prendere qualche precauzione, almeno se avete in programma spostamenti aerei o marittimi. Il segnale numero 2 significa che un uragano – in questa parte del mondo si preferisce parlare di tifone, al contrario di ciò che accade nell'oceano Atlantico in cui il fenomeno è sempre più violento – si è effettivamente formato. Ciò non vuol dire che si diriga proprio verso la città, comunque è opportuno controllare il cartello abbastanza frequentemente. Da questo momento in avanti, infatti, la velocità del tifone va aumentando di ora in ora. Con gli occhi della mente già lo vediamo addensarsi sulle distese del mare, urlare e rabbuiare il cielo mentre saette ramificate gracchiano all'orizzonte.

Segnale numero 3: quando il gioco si fa duro...

La mia personale avventura ovviamente non ha nulla di eroico o drammatico, ma costituisce un degno epilogo alla nostra ricerca di emozioni legate al fantastico della storia di Hong Kong. Ero arrivato in città con una febbre altissima, rimediata a Guangzhou, complice una passeggiata nel quartiere delle spezie avvolto dalla canicola e un brusco passaggio nella hall del mio albergo dove, come di consueto in Asia, l'aria condizionata era al massimo e presentava un'escursione di circa venti gradi di meno rispetto all'esterno.

Da bravo ricercatore di sogni sotto forma di carta stampata, invece di andare immediatamente in camera a cambiarmi mi ero trattenuto nella libreria dell'albergo per un quarto d'ora. Avevo adocchiato una traduzione di un testo sul maneggio della spada che non avrei trovato altrove... Fu, però, un periodo di tempo più che sufficiente a procurarmi la mattina successiva dolori muscolari, mal di testa, sensazione di nausea. Insomma avevo una bella febbre. Visto che stavo per raggiungere Hong Kong in treno e che, per qualche misteriosa regola imposta dall'autorità centrale, il bagaglio andava spedito dalla sera precedente, quella mattina mi imbarcai su un moderno treno – anche questo dotato di un impianto di aria condizionata micidiale e non regolabile – in maglietta. Potete immaginare che la traversata dei Nuovi Territori e l'arrivo a Hong Kong non fu tra i più piacevoli. Febbricitante, raggiunsi il mio solito albergo, notando appena che, nella hall, era esposto un bel *Storm Signal 2*, ammonimento di un tifone in arrivo.

Rimasi fuori combattimento per circa un giorno, poi la febbre si abbassò naturalmente e decisi di fare una passeggiata per le strade di Kowloon. Il segnale si manteneva sul livello 2 e nessuno sembrava particolarmente preoccupato. Fu una serata magnifica. Il cielo era tersissimo (segnale che si stava preparando la tempesta) e le luci a Victoria erano particolarmente brillanti. Forse fu a causa dei postumi della febbre, forse della suggestione del tifone in arrivo, ma ricordo quella notte con un particolare piacere. Tutti i sogni, le emozioni e le avventure lette e immaginate riguardo alla città mi parvero prendere consistenza. Per un attimo ebbi la sensazione di trovarmi sulla promenade in compagnia di eroi del cinema e dei romanzi, tutti riuniti a guardare lo spettacolo della baia in attesa dell'ultimo giorno sulla terra.

La mattina dopo il segnale fu debitamente cambiato e passò al livello 3. Dai bollettini appresi che il tifone sarebbe passato a circa 200 chilometri dalla città e che, quindi, non ci sarebbe stato un particolare pericolo. Qualche ora di vento e pioggia, tutt'al più. I veri guai sono prevedibili quando appare il famigerato segnale numero 8, cioè quando la città è direttamente sulla rotta del Grande Vento…

Ancora debole ma deciso ad approfittare di quell'ultimo giorno di vacanza prima della partenza per l'Europa, programmai un'escursione ad Aberdeen e poi la più classica delle mete: raggiungere il Peak con la teleferica per godere del panorama mozzafiato dei grattacieli della baia.

Il villaggio galleggiante che aveva fatto da sfondo a tante avventure della fantasia era, quel giorno, ancora più triste, ridotto a qualche decina di case sull'acqua, pochi sampan e rarissimi *walla-walla*. Persino le *mama-san* del mercato del pesce sembravano scrutare il cielo sempre più scuro con preoccupazione. Decisi di affrontare il giro di rito, giusto per scattare qualche foto con un originale panorama tempestoso, poi raggiunsi Central District e presi la cremagliera. La salita verso il punto più alto di Hong Kong è sempre emozionante per la prospettiva dei grattacieli e dei boschi che, in alcuni tratti, rasenta il piano verticale. Ormai il punto in cui, secondo la leggenda, il Diavolo dagli Occhi Verdi costruì la sua casa è un centro turistico circondato da palmizi con varie attrazioni che spaziano dalla tavola calda al museo delle cere. La vista vale comunque ancora la pena e regala una cascata di grattacieli giù fino al mare. Ci sia sole o pioggia, si tratta di un colpo d'occhio che dà corpo a tutte le avventure che sino a questo momento abbiamo solo sognato.

Poi arrivò il tifone. Erano solo le ali del drago che sfioravano la città, naturalmente, ma vi assicuro che, là sopra, l'impressione fu elettrizzante. Conservo ancora la foto della palma piegata sin quasi a terra dalle raffiche di vento. L'immagine di un ombrello strappato dalle mani di un'imprudente turista giapponese trascinato via come uno straccio evocava vessilli squarciati dalla forza dei marosi. Pirati, epopee salgariane e intrepide spadaccine. Sì, tra le coltri di pioggia avvolte dal vento in mulinelli sibilanti riuscivo a cogliere anche tracce di spiriti e leggende…

Quella visione di Hong Kong sarebbe rimasta impressa a fuoco nella mia mente, proprio come qualche anno prima l'arrivo a Kai Tak aveva segnato il punto d'inizio di questo viaggio dall'andamento circolare come il flusso del *qi*. Non sapevo che, quella stessa notte, nel modernissimo aeroporto, un aereo proveniente da Taiwan si sarebbe ribaltato e, il giorno successivo, avrei dovuto aspettare nove ore per potermi reimbarcare alla volta di Francoforte con l'immagine di quel relitto in mezzo alla pista a menar gramo…

In quel momento ogni esperienza accumulata negli anni, dai film ai romanzi, sino agli incontri, alle passeggiate nella città reale, si fondevano in uno spettacolo selvaggio di natura e urbanistica unite nell'occhio di quel tifone che si protrasse per ore senza dar segni di cedimento. Le insegne sbattevano, la gente spariva dalle strade, le vetrate vibravano e il cielo assumeva colorazioni sempre più buie. Le nuvole stesse si addensavano lasciando spazi inspiegabilmente limpidi mentre in altri punti draghi scaturiti dalla mia fantasia – e forse da quella di mille altri prima di me – si preparavano a spiccare un balzo finale per inghiottire la città.

Ma Hong Kong è ancora là. Malgrado le cannonate, la violenza delle Triadi, mille uragani e il vento del cambiamento che, riportandola come è giusto in seno alla Madrepatria il primo luglio 1997, avrebbe dovuto cambiarne il nome. Sì, perché secondo la denominazione corrente Hong Kong, Porto Fragrante, da ormai quasi una decade dovrebbe chiamarsi Xiang Gang.

Eppure in questi anni che vi sono tornato come turista, viaggiatore, sognatore, narratore non ho mai sentito nessuno chiamarla così.

Hong Kong sarà sempre solo Hong Kong.

Il luogo dove tutto comincia e dove tutto finisce.

La città sopra la quale le nuvole sembrano draghi.

I titoli della collana:

REPORTAGE 1900 **a cura di Luca Clerici**

Luigi Barzini

La metà del mondo vista da un'automobile. Da Pechino a Parigi in 60 giorni

Luigi Vittorio Bertarelli

Insoliti viaggi. L'appassionante diario di un precursore

Paolo Monelli

Il ghiottone errante. Viaggio gastronomico attraverso l'Italia

Cesco Tomaselli

La corrida delle balene

REPORTAGE 2000

Fabrizio Ardito

Le fortezze dell'eresia. Lungo la via del favoloso Graal nelle terre di catari e inquisitori

Peregrinos. 33 giorni a piedi lungo il Camino de Santiago

Roberto Baravalle

¡Olé! Spagna d'oggi tra modernità e tradizione

Enzo Capua

New York night&day. Storie, voci e suoni della città che non dorme mai

Jean-Luc Coatalem

Il colore dei sogni. Dalla Bretagna ai mari del Sud sulle tracce di Paul Gauguin

Stefano Di Marino

E nel cielo nuvole come draghi. Hong Kong tra storia e leggenda

Vittorio Franchini

Il paese della musica felice. Louisiana: jazz, voodoo, alligatori

Tim Moore

Adagio su due ruote. Un dilettante al Tour de France

Due baffi sottozero. Avventura nell'Artico

Massimo Morello

Mekong story. Lungo il cuore d'acqua del Sud-Est asiatico

Anna Prouse

Un'italiana in Iraq. Mesi di guerra e di ricostruzione

Roberto Ruozi

Istantanee dal mondo. Lettere di un viaggiatore per vocazione

Stanley Stewart

L'impero di Gengis Khan. A cavallo tra i nomadi

Marc Trillard

Cabotage e altri vagabondaggi. Capo Verde e il respiro dell'Atlantico

Hans Tuzzi

In Irlanda. Il paese dei sognatori

Finito di stampare
nel mese di ottobre 2006
presso il
Consorzio Artigiano L.V.G.
Azzate - Varese